JN006326

アガルートの
司法試験・予備試験
実況論文講義

刑事訴訟法

アガルートアカデミー 編著

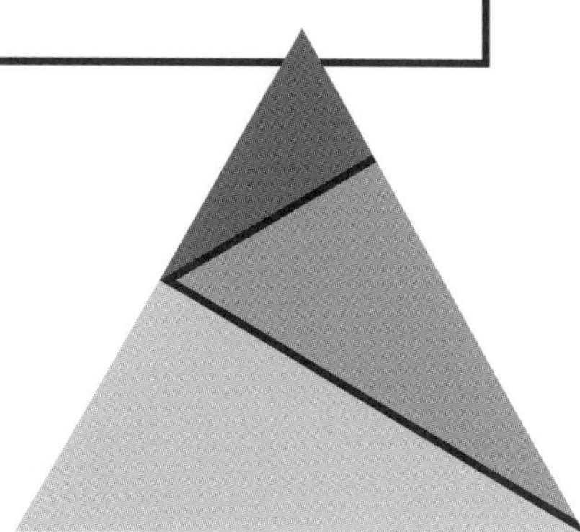

AGAROOT
ACADEMY

はしがき

法学の論文式問題を正確に処理できるようになるためのプロセスは，概ね以下の通りです。

① 大学の授業や予備校の基礎講座・入門講座などで，基本的な法学の知識を身に着ける

↓

② 法学の論文式試験の問題の処理パターンを学ぶ

↓

③ ②で学んだパターンを実践し，実際に答案を作成する

↓

④ ②で学んだパターンを使いこなし，より難易度の高い応用問題にチャレンジする

本書は，大学の授業や予備校の基礎講座・入門講座などで一通り基本的な法学の知識を身に着けた方（①のステップを修了した方）が，本格的な論文式問題にチャレンジするための橋渡しを目的としています。上記で言えば，②から③のステップです。

したがって，本書に掲載されている問題は，司法試験のレベルには及びませんし，予備試験や法科大学院入試で出題されている問題（これらの問題は，④のステップで取り扱うべきものです。）よりも簡単なもの，典型論点の繋ぎ合わせだけで処理できる，いわゆる典型問題が多くなっています。

しかし，このステップは，実は非常に重要です。基本がしっかりと身に着いていなければ応用問題を処理できるはずがありません。これは，何も法学の論文式試験に限ったことではなく，例えば，数学でも，公式を教わったら，その後に基本例題で実際にそれを使った解き方が解説され，練習問題で自分の手を動かしながら訓練するのだと思います。応用問題はその後にようやく登場するものです。

まずは，典型問題を正しい思考方法にしたがって，しっかりと処理することができるようになることが重要です。

＊

論文式試験問題を解く際は，大きく分けて以下のプロセスをたどります。

【STEP 1】問題文を読み，そこで問題となっている条文・判例などを特定する（問題文解析）
【STEP 2】答案構成をする（答案構成）
【STEP 3】実際に答案を書く（答案作成）

本書では，この【STEP 1】～【STEP 3】の過程を丁寧に示しています。

中でも，【STEP 1】問題文解析に気を使って執筆しました。

法学の論文式試験を処理するに当たって学習者が苦労するのが，自分が身に着けた知識と目の前の問題を結び付ける作業です。

問題文に記載されているどの事実から必要な条文や判例の知識を引っ張り出せばよいのかが，なかなか分からないという方が多いようです。

【STEP 1】問題文解析が上手くできるようになるためには，法学の論文式試験全てに共通する「解き方」「書き方」を身に着けた上で，科目ごとの思考方法を知る必要があります。このうち，本書では，後者の方法論，すなわち，科目ごとの思考方法をお伝えします。

例えば，民法では，請求権パターン（当事者の請求→請求の法的根拠→要件→効果を順に特定すること），刑法では犯罪論体系（構成要件該当性→違法性→有責性の順に検討すること）など，科目ごとの思考方法があります。

これを身に着けることで，【STEP 1】問題文解析がスムーズにできるようになります。

本書では，まず，この思考方法に従って，問題文の事実から必要な判例や条文の知識を引っ張り出していく過程を明らかにしています。これが【STEP 1】問題文解析に相当する部分です。本書を読み進めることによって，筆者がどのようにして問題文を解析しているのかが分かり，自然と正しい思考方法が身に着くようにプログラムされています。

次に，【STEP 2】答案構成を示しています。答案構成は，【STEP 1】問題文解析で洗い出した知識を全て記載するのではなく，答案の流れを一読して理解することができるように，できる限りシンプルなものにしました。

最後に【STEP 3】答案作成に相当する部分として，解答例を示しています。【STEP 1】【STEP 2】を通じて答案に書くべきこと，その流れが分かったとしても，実際の答案では，なぜそのような表現になっているのか，なぜそのような分量で記載されているのかが分からなければ，学習効果が半減してしまいます。本書では，答案の欄外に，解答作成に当たっての留意点や表現方法の工夫等を記載していますので，適宜参照してください。

＊

また，本書では，問題ごとに予備試験合格者による手書きの問題文メモ，答案構成，解答例を掲載しています。予備試験合格者がどのように問題文を解析し，答案構成をし，答案を作成したのか，そのプロセスを学ぶことによって，合格レベルにある受験生の思考過程を知り，目標とすべき到達点を認識することができるようになります。

筆者の作成した解説・答案構成・解答例で論文式試験問題の処理のための正しい思考過程を学び，予備試験合格者による参考答案等で目標とすべき到達点を確認してください。

＊

本書で科目ごとの思考方法を身に着けた後は，市販の問題集や予備校の講座等を用いて，問題演習を繰り返してください。本書にもある程度の問題数は掲載していますが，本書で身に着けた思考方法を自由自在に使いこなし，応用問題に耐え得るレベルにまで昇華させるためには，さらに練習を積む必要があります。

典型論点を含む典型問題については，問題文を見た瞬間に解答が思い浮かぶレベルにまで訓練を積んでください。そうすることで，その部分については確実に得点をすること，司法試験などで問われる応用問題にじっくりと考えるだけの時間を確保することができるようになります。

本書を用いて，多くの受験生が，論文式試験問題に対する正しい思考方法を身に着け，司法試験をはじめとする各種試験に合格されることを願って止みません。

2020（令和２）年８月

アガルートアカデミー

本書の利用方法

百選番号は，刑事訴訟法判例百選〔第10版〕に準拠しています。

＊

まずは，本書の巻頭に付属する問題集を使って，自分で問題文を解析し，答案構成をしてみてください。時間があれば，実際に答案を作成してみてもよいでしょう。

次に，解いた問題の解説・答案構成・解答例を読みます。その際には，解説に記載されているような正しい思考方法で問題文を解析することができていたかどうかを必ず確認してください。問題文を読んで，解説に記載されている条文・判例を思い出すことができなかった場合，正しい思考方法が身に着いていない可能性があります。解説を読んで，どのような思考方法で問題を処理すべきだったのかを確認し，自分の弱点を認識するようにしてください。

＊

以上のようなマクロな視点で思考方法を確認すると同時に，解説に記載されている判例や学説の知識があやふやな場合には，自分が用いているテキストや論証集に戻って理解を確認するようにしましょう。問題を解く過程において，知識や理解を確認することで，効率的な学習が可能になります。

＊

できなかった問題には，付箋を貼るなどして，問題を忘れた頃にもう一度チャレンジするようにしましょう。記憶が新鮮なうちに解き直してみても，記憶に頼って解答してしまっている可能性があり，本当に正しい思考方法が身に着いているのか確認できません。

解き直してみた時に，以前と同じ誤りを犯してしまっている場合には，正しい思考方法が身に着いていない証拠です。再度正しい思考方法を確認し，徹底するように意識してください。

＊

なお，解説と同じような思考方法をたどることができた時点で，その問題はクリアしたとみてよいでしょう。クリアした問題は，例えば判例の規範部分を正確に再現できなかったとしても，再度解き直してみる必要はありません。それは，論証等，個々のパーツの精度を上げれば解消できる問題であって，思考方法そのものは正しく身に着いているからです。思考方法が正しく身に着いていれば，何度解き直しても同じような解答を導き出すことができます。

本書の見方

第7問

司法警察員Pらは，①麻薬（ジアセチルモルヒネ）をAに営利目的で不法譲渡した疑いで甲を緊急逮捕するため甲宅へ赴いたが，甲は不在であった。②留守居をしていた甲の妻乙が言うには，甲はすぐ帰宅するとのことで，Pらは，③乙の承諾を得て，同住居内を捜索し，住居2階にある乙の部屋で麻薬を発見し，これを差し押さえた。④Pらは，さらに捜索を継続中，捜索開始後20分して甲が帰宅したので，甲を玄関先で緊急逮捕した。

この捜索・差押えの適法性について論じなさい。

【参考条文】麻薬及び向精神薬取締法

第64条の2　ジアセチルモルヒネ等を，みだりに，製剤し，小分けし，譲り渡し，譲り受け，交付し，又は所持した者は，10年以下の懲役に処する。

2　営利の目的で前項の罪を犯した者は，1年以上の有期懲役に処し，又は情状により1年以上の有期懲役及び500万円以下の罰金に処する。

3（略）

出題論点

・逮捕に伴う捜索・差押え……A

問題処理のポイント

本問は，最大判昭36.6.7【百選A7】（以下「昭和36年判決」といいます）を素材とした問題で，逮捕に伴う捜索差押えについての理解を問うものです。

捜索差押えは令状に基づいて行うことが原則とな
に伴う捜索差押え（220条1項2号）の要件を満た
そのため，捜索差押えがなされている場合には，ま
かを確認し，受けていない場合には，逮捕に伴う捜
かを検討します。

逮捕に伴う捜索差押えの許容理由をめぐっては，
あり，この対立が個々の要件解釈に影響してきます
か，個々の要件についてどのように解釈するのかを
あります。

62

冒頭の問題文には，○数字と下線を付しています。筆者がどのように問題文を解析しているかが分かり，自然と正しい思考方法が身に着くようになります。

問題となる出題論点の重要度を，重要度の高い順にA～C※で表しています。論点ランクは，姉妹書『合格論証集』と同一です。

答案作成の過程

1 逮捕に伴う捜索差押え

本問では，司法警察員Pらが，捜索差押えについて，令状の発付を受けていたという事情はありません。したがって，捜索・差押えが適法となるとすれば，220条1項2号の逮捕に伴う捜索差押えの要件を満たさなければなりません。

なお，③乙の承諾を得て捜索をしていますが，一般に住居権者の承諾があったとしても，令状なき家宅捜索は不適法であると解されていることから，この点について触れるとしても短く済ませた方がよいでしょう。

2 「逮捕の現場」（220条1項2号）

1　相当性説と緊急処分説

まず，乙の部屋が「逮捕の現場」（220条1項2号）に当たるか否かが問題となります。

この点に関連して，相当性説と緊急処分説の対立があります。前者の立場は，このような場合には，証拠が存在する蓋然性が高く，合理的な証拠収集手段として認められる処分であると説明し，後者の立場は，逮捕を完遂させ（被逮捕者の抵抗を抑圧してその逃亡を防止する），同時に現場に存在する蓋然性の高い証拠の破壊を防止するための緊急の必要性から認められる処分であると説明しています。

一般に，前者の相当性説が最高裁判例の立場であると解されている（昭和36年判決）ことから，解答例では，相当性説の立場に立って論じています。

相当性説の立場からは，逮捕場所と同一の管理権の及ぶ範囲も「逮捕の現場」に含まれると解釈されています。

2　本問へのあてはめ

相当性説の立場に立って検討すると，本問では，Pらが逮捕したのは甲宅の玄関先であり，甲の管理権の及ぶ範囲です。Pらが捜索しているのは甲宅の住居内である乙の部屋であり，第一次的には乙の管理権が及んでいる場所であると考えられます。しかし，甲と乙は夫婦であることからすれば，乙に独立の管理権を認める必要性は乏しく，端的に甲の管理権の及ぶ範囲であると考えれば足りるでしょう。

したがって，相当性説の立場に立った場合，この点に関しては適法と解することができます。

なお，緊急処分説の立場に立った場合，被疑者の身体及びその直接の支配下にある場所（手の届く範囲）に限定されると解されています。したがって，この立場によるとこの段階でPらの行為は違法ということになるでしょう。ただし，このように解してしまうと，家人や共犯者など被疑者以外の第三者による証拠隠滅を防ぐことができませんので，若干場所的限界を拡張して解釈しようとする動き

I 捜査▼第7問

63

解説中，重要論点は色太字で表しています。また，重要判例や結論部分には下線を付しています。

※論点ランクのA～Cについて

A：頻出の論点。規範と理由付け（2つ以上）をしっかりと押さえ，問題に応じて，長短自在に操れるようになるべき

B：Aランクに比べれば，出題頻度が下がる論点。規範と理由付け1つを押さえておけば十分

C：時間がなければ飛ばしても良い

本書掲載の論点は，重要なものを厳選していますが，皆さんの可処分時間に応じて，ランクに基づいた柔軟な学習をしてください。

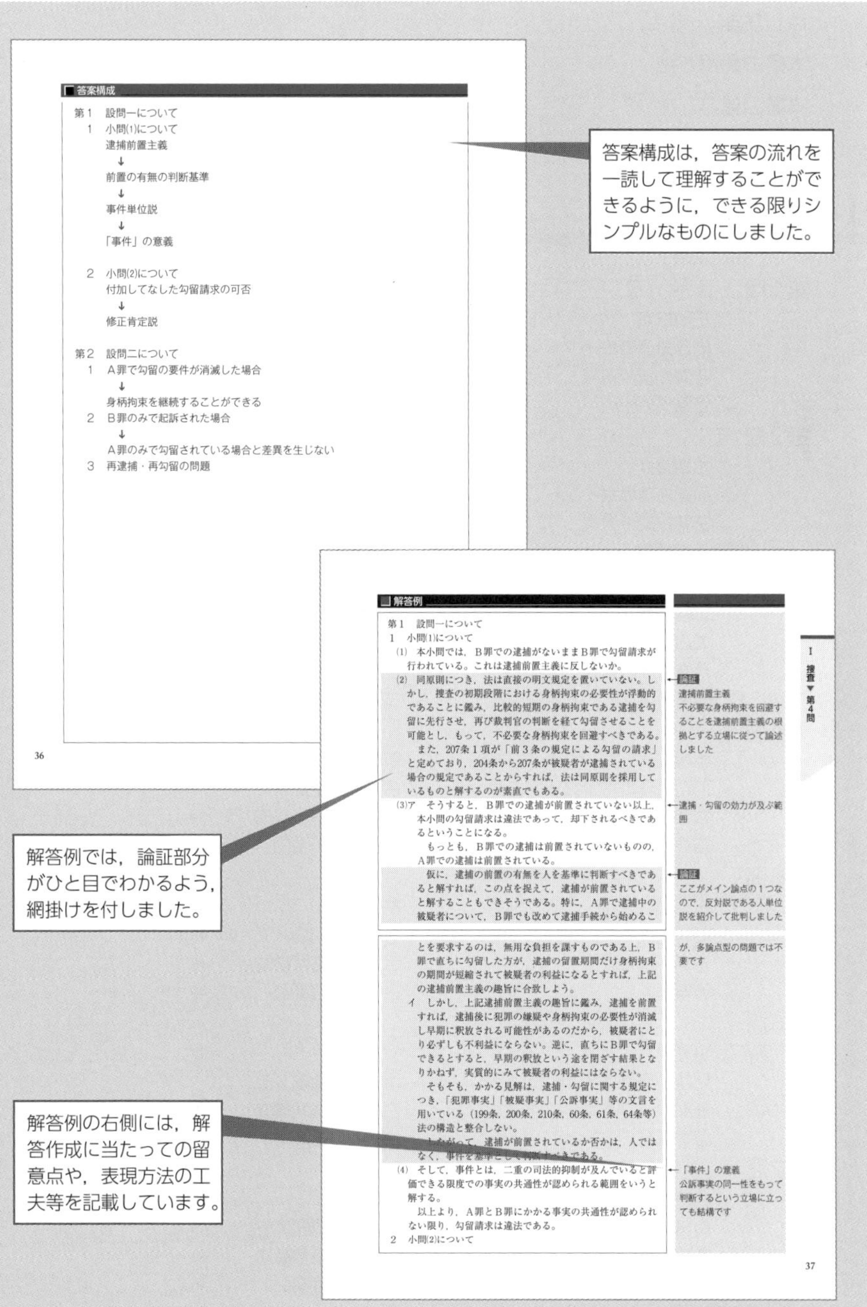

■答案構成

第1　設問一について
　1　小問(1)について
　　逮捕前置主義
　　↓
　　前置の有無の判断基準
　　↓
　　事件単位説
　　↓
　　「事件」の意義

　2　小問(2)について
　　付加してなした勾留請求の可否
　　↓
　　修正肯定説

第2　設問二について
　1　A罪で勾留の要件が消滅した場合
　　↓
　　身柄拘束を継続することができる
　2　B罪のみで起訴された場合
　　↓
　　A罪のみで勾留されている場合と差異を生じない
　3　再逮捕・再勾留の問題

36

答案構成は，答案の流れを一読して理解することができるように，できる限りシンプルなものにしました。

■解答例

第1　設問一について
1　小問(1)について
(1)　本小問では，B罪での逮捕がないままB罪で勾留請求が行われている。これは逮捕前置主義に反しないか。
(2)　同原則につき，法は直接の明文規定を置いていない。しかし，捜査の初期段階における身柄拘束の必要性が浮動的であることに鑑み，比較的短期の身柄拘束である逮捕を勾留に先行させ，再び裁判官の判断を経て勾留させることを可能とし，もって，不必要な身柄拘束を回避すべきである。
　また，207条1項が「前3条の規定による勾留の請求」と定めており，204条から207条が被疑者が逮捕されている場合の規定であることからすれば，法は同原則を採用しているものと解するのが素直でもある。
(3)ア　そうすると，B罪での逮捕が前置されていない以上，本小問の勾留請求は違法であって，却下されるべきであるということになる。
　もっとも，B罪での逮捕は前置されていないものの，A罪での逮捕は前置されている。
　仮に，逮捕の前置の有無を人を基準に判断すべきであると解すれば，この点を捉えて，逮捕が前置されていると解することもできそうである。特に，A罪で逮捕中の被疑者について，B罪でも改めて逮捕手続から始めることを要求するのは，無用な負担を課すものである上，B罪で直ちに勾留した方が，逮捕の留置期間だけ身柄拘束の期間が短縮されて被疑者の利益になるとすれば，上記の逮捕前置主義の趣旨に合致しよう。
イ　しかし，上記逮捕前置主義の趣旨に鑑み，逮捕を前置すれば，逮捕後に犯罪の嫌疑や身柄拘束の必要性が消滅し早期に釈放される可能性があるのだから，被疑者にとり必ずしも不利益にならない。逆に，直ちにB罪で勾留できるとすると，早期の釈放という途を閉ざす結果となりかねず，実質的にみて被疑者の利益にはならない。
　そもそも，かかる見解は，逮捕・勾留に関する規定につき，「犯罪事実」「被疑事実」「公訴事実」等の文言を用いている（199条，200条，210条，60条，61条，64条等）法の構造と整合しない。
　したがって，逮捕が前置されているか否かは，人ではなく，事件を基準として判断すべきである。
(4)　そして，事件とは，二重の司法的抑制が及んでいると評価できる限度での事実の共通性が認められる範囲をいうと解する。
　以上より，A罪とB罪にかかる事実の共通性が認められない限り，勾留請求は違法である。
2　小問(2)について

論証
逮捕前置主義
不必要な身柄拘束を回避することを逮捕前置主義の根拠とする立場に従って論述しました

逮捕・勾留の効力が及ぶ範囲

論証
ここがメイン論点の1つなので，反対説である人単位説を紹介して批判しましたが，多論点型の問題では不要です

「事件」の意義
公訴事実の同一性をもって判断するという立場に立っても結構です

I 捜査▼第4問

37

解答例では，論証部分がひと目でわかるよう，網掛けを付しました。

解答例の右側には，解答作成に当たっての留意点や，表現方法の工夫等を記載しています。

目 次

I 捜 査

Ⅱ　公訴の提起

Ⅲ　公判手続

本項目に該当する問題は掲載していませんが，体系を意識して学習することは有益であるため，項目名を残しています。

Ⅳ　証拠法

Ⅴ　公判の裁判

本書収録問題一覧

第1問

Ａ県Ｂ市内のＣ交差点では，飲酒運転による事故が多発していた。そこで，これを予防するため，Ｂ警察署は，自動車検問を実施することにした。担当に当たったＰは，夜10時から，Ｃ交差点を通行する自動車全台を対象として，停車させ，免許証の提示を求めるとともに，必要があると判断された場合には，呼気検査の方法により，体内のアルコール濃度を計測することにした。Ｐは，以上の方法に従い，Ｃ交差点を通行したＸの運転する自動車を停車させ「自動車検問を実施しております。申し訳ありませんが，免許証を見せてもらえますか。」などと言い，Ｘに免許証の提示を求めた。Ｐは，免許証を確認した後，Ｘに対して質問をし，Ｘが通勤目的で運転していること，毎日自動車で通勤しＣ交差点を通ること等を聴取したが，特に不審な言動等が見受けられなかったため，停車させてから１分30秒後に「ご協力ありがとうございました。気を付けてお帰りください。」などと言って，Ｘに対する検問を終わらせた。

その後，ＰがＣ交差点で待機していると，Ｃ交差点に向かってくるＹが運転する自動車（以下「Ｙ車」という。）を発見した。Ｙ車は，Ｃ交差点の数100メートル手前まで来ると停車し，Ｙが自動車から降りて，ハンドバッグを抱えながら反対方向へと走って行った。Ｐは，これを見て不審に思い，Ｙを走って追いかけて行き，Ｙに手が届く距離まで来ると「ちょっと，あなた。停まってくださいよ。」などと声をかけた。しかし，Ｙが無言で走り続けようとしたため，Ｐは，Ｙの背後から左の肩に手を掛け，後方に向かって力を入れることで，Ｙを反転させて走行を阻止した。停止したＹは，ハンドバッグを両手で抱えたまま，落ち着かない様子でいた。Ｐは，Ｙに対して，いきなり走り出した理由を繰り返し聞いたが，Ｙは「特に理由はありません。」などと言って取り合わなかった。そこで，Ｐは，大事そうに抱えているハンドバッグが怪しいと思い，ハンドバッグを見せるよう求めたが，Ｙがこれを拒否したため，これを取り上げた。Ｐは，取り上げたハンドバッグに封がされていなかったため，上から一瞥すると，中に拳銃が入っていたことから，Ｙをその場で，銃刀法違反の罪により，現行犯逮捕した。

ＰのＸ及びＹに対する捜査の適法性について，論じなさい。

第2問

マンションの一室での殺人事件につき，被害者と同棲したことのある甲が自らＴ警察署に出頭し，アリバイがある旨弁明したが，裏付け捜査によりこれが虚偽だと判明し，甲の嫌疑が強まったため，捜査官Ｐらが某日早朝，Ｔ警察署付近にある甲の自宅に赴き，甲に任意同行を求めると，甲はこれに応じた。ＰらはＴ警察署で甲の取調べを行い，甲は同日夜に犯行を認めた。Ｐらは，同日午後11時過ぎに一応の取調べを終えたが，甲から自宅に帰りたくないので旅館に泊めてもらいたい旨の申出（答申書）を受け，同署近くのビジネスホテルに捜査官４，５名とともに甲を宿泊させ，１名の捜査官は甲の隣室に泊まり込む等して甲の挙動を監視した。翌朝，Ｐらが自動車で甲を迎えに行き，同署で午後11時頃まで取調べをし，同夜も甲が帰宅を望まないため近くのホテルに送り届けて宿泊させた。次の２日間も昼から深夜にかけて取調べをし，夜はホテルに宿泊させた。各夜とも，ホテル周辺に捜査官が張り込み甲の動静を監視した。なお，宿泊代金は４日目の分以外は警察が支払った。この間の取調べでＰらは甲から自白を得たが，決め手となる証拠が不十分だったので甲を逮捕せず，迎えに来た母らと帰郷させた。警察はその後２か月余り捜査を続けた上で甲を逮捕した。

Ｐらの捜査の適法性を論ぜよ。

第3問

司法警察職員甲は，夜間パトロール中，乙から「今そこで暴力団員風の男に顔を殴られた。」と訴えられ，乙の顔面を見ると鼻血が出ていた。そこで，乙と一緒に付近を捜索していたところ，約１時間後に，現場から500メートル離れた飲食店から丙が出てきた。乙が丙を指さし，「あいつだ。」と大声を挙げたため，丙は逃走の気配を示した。甲がその場で丙を逮捕する上での問題点を挙げ，これについて論ぜよ。

（旧司法試験　昭和62年度第１問）

第4問

一　A罪で逮捕した被疑者について,⑴B罪で勾留請求することはできるか。また,⑵A罪のほかB罪をもつけ加えて勾留請求することはどうか。

二　仮に右の⑵が許されるとして,A罪のみによる勾留の場合と比べてその後の手続にどのような違いとなって現れるか。

（旧司法試験　平成８年度第２問）

第5問

甲は,複数の賭博行為により逮捕・勾留され,常習賭博罪で起訴されたが,公判係属中に保釈された。

甲について,右と常習一罪の関係に立つ別の賭博行為が後に判明したとき,甲を改めて逮捕・勾留できるか。

（旧司法試験　平成２年度第１問）

第6問

警察官は,甲に対する覚せい剤所持被疑事件に関し,「甲が宿泊中のホテルの客室」を捜索場所,「覚せい剤」等を差し押さえるべき物とする捜索差押許可状の発付を受け,同客室に赴いた。証拠が隠滅されることをおそれた警察官は,ホテルの支配人に協力を求めてマスターキーを借り受け,来意を告げることなく,マスターキーでドアを開錠し,同客室内に立ち入った。すると,在室していた甲が,ビニール袋に入った覚せい剤を持ってトイレに駆け込もうとしたので,警察官は,甲を制止して持っていた覚せい剤を取り上げ,その後,甲に捜索差押許可状を示した上,同覚せい剤を差し押さえ,引き続き同客室内の捜索を実施した。

同客室内には甲の知人らしき乙が居合わせており,同人がボストンバッグを携帯していたことから,警察官は乙に同バッグの任意提出を求めた。しかし,乙がこれを拒否し同バッグを抱え込むような態度をとったため,警察官は,乙の抵抗を排除して同バッグを取り上げ,その中を捜索したところ,ビニール袋に入った覚せい剤を発見したので,これを差し押さえた。

以上の警察官の行為は適法か。

（旧司法試験　平成20年度第１問）

第7問

司法警察員Ｐらは，麻薬（ジアセチルモルヒネ）をＡに営利目的で不法譲渡した疑いで甲を緊急逮捕するため甲宅へ赴いたが，甲は不在であった。留守居をしていた甲の妻乙が言うには，甲はすぐ帰宅するとのことで，Ｐらは，乙の承諾を得て，同住居内を捜索し，住居２階にある乙の部屋で麻薬を発見し，これを差し押さえた。Ｐらは，さらに捜索を継続中，捜索開始後20分して甲が帰宅したので，甲を玄関先で緊急逮捕した。

この捜索・差押えの適法性について論じなさい。

【参考条文】麻薬及び向精神薬取締法

第64条の２　ジアセチルモルヒネ等を，みだりに，製剤し，小分けし，譲り渡し，譲り受け，交付し，又は所持した者は，10年以下の懲役に処する。

２　営利の目的で前項の罪を犯した者は，１年以上の有期懲役に処し，又は情状により１年以上の有期懲役及び500万円以下の罰金に処する。

３（略）

第8問

覚せい剤使用の嫌疑のある被疑者について，尿を強制的に採取するには，捜査官はどのような方法を採ることができるか。その可否，要件及び必要な令状の種類について述べよ。必要な令状の種類については強制採血との比較について留意すること。

また，被疑者が逮捕されていない場合について，被疑者を採尿に適する最寄りの場所まで連行することはできるか。

（旧司法試験　平成７年度第１問改題）

第9問

殺人事件の被疑者甲の弁護士Ｘは，甲の依頼により弁護人となるため，担当の警察官Ｐに対して甲との接見を申し出たところ，Ｐは甲が現在取調べ中であることを理由にこれを拒否し，接見日時を翌日午前10時以降に指定した。この間，甲の取調べは夕食のため一時中断され，夕食後も取調べを行う予定だったが，取調べを担当した警察官Ｑが現場の応援要請により実況見分に参加したため，その日の夕食後，甲の取調べは行われなかった。

Ｐの措置は適法か。

第10問

以下の事例における，検察官の公訴提起の適法性について，論じなさい。

(1) 甲がAの自宅に侵入した上で，Aを殺害し，金品を窃取したという事案において，立証が容易であるにもかかわらず，住居侵入罪は起訴せずに，殺人と窃盗の併合罪として，起訴した場合。

(2) Bの暴行によって全治3週間の怪我を負った乙が，加害者Bの自宅へ赴き，示談交渉をしている最中に，Bの不誠実な態度に腹を立てて，Bの頭部を平手で1回殴打した事件において，Bの傷害については不起訴にしたにもかかわらず，乙を暴行罪で起訴した場合。

(3) 丙に対する収賄被疑事件において，容疑を否認している丙に対して，警察官が，違法に胸ぐらをつかみ，腹部を複数回殴打するなどして，自白を強要し，これによって丙が供述した自白調書をもとに，丙を収賄罪で起訴した場合

第11問

平成25年9月17日，甲県乙市所在の山林で，行方不明となっていた被害者の白骨死体が発見された。被害者の生存が第三者によって最後に確認されたのは，平成25年3月10日夕刻に被害者が被告人及びAとともに甲県丙市内のビジネスホテルHに入ったときであることなどから，被告人らの犯行であることが判明し，被告人とAが平成26年2月15日に逮捕された。

しかし，被害者の遺体の鑑定の結果，頭蓋冠，頭蓋底骨折等の傷害が存在することは明らかになったが，正確な死因は不明であり，Aの捜査段階での供述は，被告人が暴行したとは供述するものの，具体的な犯行態様や共謀関係については変遷を重ねており，客観的な遺体の傷害結果と合致しなかった。また，被告人は，被害者と会ったことは認めるものの，犯行を否認していた。

そこで，検察官は，「被告人は，単独又はAと共謀の上，平成25年3月10日午後8時30分ころ，甲県丙市所在のビジネスホテルH302号室において，被害者に対し，その頭部等に手段不明の暴行を加え，頭蓋冠，頭蓋底骨折等の傷害を負わせ，よって，そのころ，同所において，頭蓋冠，頭蓋底骨折に基づく外傷性脳障害又は何らかの傷害により死亡させた。」という傷害致死の訴因で起訴した。

かかる起訴は適法か。

第12問

甲は，乙らと共謀の上，乙の知人らの居宅に火災保険をかけて放火し，保険金を騙取するなどし，その後，口封じのため，乙らと共謀の上，Ｖを殺害し，その死体を遺棄したとして，殺人，死体遺棄，現住建造物放火，詐欺の罪で起訴された。

このうち殺人罪の訴因は，「甲は，乙と共謀の上，平成28年７月24日ころ，東京都Ｗ区内の産業廃棄物最終処分場付近道路に停車中の普通乗用自動車内で，殺意をもって，甲において，Ｖに対し，その頸部をベルト様のもので絞めつけ，よって，その頃，同所で，Ｖを窒息死させたものである。」というものであった。

公判において，甲は，共謀の存在と実行行為への関与を否定して無罪を主張し，その点に関する証拠調べが実施された。裁判所は，審理の結果，「甲は，乙と共謀の上，平成28年７月24日午後８時ころから翌25日未明までの間に，東京都Ｗ区内又はその周辺に停車中の自動車内において，甲又は乙あるいはその両名において，扼殺，絞殺又はこれに類する方法でＶを殺害した。」との事実を認定して甲を有罪とした。

裁判所が「甲又は乙あるいはその両名」と認定した点について，この場合の手続及び判決内容における問題点について論ぜよ。

第13問

以下の各小問に答えよ。

(1) 甲は，公務員乙と建設業者丙との間の仲介役を果たしていたものであるが，捜査の結果，「甲は，乙と共謀の上，平成26年５月１日，東京都新宿区高田馬場において，丙から，封筒入りの現金300万円の交付を受け，もって乙の職務に関し賄賂を収受した」という内容の収賄の共同正犯として起訴された。しかし，第一審公判での証拠調べの結果，「甲は，同一日時・場所において，丙とともに，乙に対し，封筒入りの現金300万円の賄賂を供与した」との贈賄の共同正犯であると認められた。この場合，公判において，検察官はどのような措置を講ずべきか。

また，検察官が適切な措置を講じない場合，裁判所はどのような措置を講ずべきか。なお，訴因の特定には問題がないものとする。

(2) 検察官は，「被告人は，Ａと共謀の上，法定の除外事由がないのに，平成26年５月20日ころ，東京都新宿区高田馬場の被告人方において，Ａをして自己の左腕に覚せい剤であるフェニルメチルアミノプロパン約0.02グラムを含有する水溶液約0.25ミリリットルを注射させ，もって，覚せい剤を使用したものである。」（X訴因）との訴因で起訴した。

第１回公判において，被告人は，「自分が覚せい剤を使用した日は間違いないが，場所は，自分の家ではなく，東京都港区内にあるＢパチンコ店の男子トイレの中であり，覚せい剤は，Ａに注射してもらったのではなく，自分自身で左腕に注射した。」旨供述した。

検察官は，第２回公判において，「被告人は，法定の除外事由がないのに，平成26年５月20日ころ，東京都港区新橋所在のＢパチンコ店の男子トイレ内において，覚せい剤であるフェニルメチルアミノプロパン約0.02グラムを含有する水溶液約0.25ミリリットルを自己の左腕に注射し，もって，覚せい剤を使用したものである。」（Ｙ訴因）との訴因への訴因変更請求を行った。裁判所は，検察官の上記訴因変更請求を許可することができるか。

なお，Ｘ訴因，Ｙ訴因ともに，訴因の特定に関しては問題がないものとする。

第14問

被告人甲は，元交際相手Ｖを殺害したとの事実につき起訴された。

その公判において，検察官は，甲とＶの関係が破綻しつつあったことを立証するために，Ｖと親交のあったＡの証人尋問を請求した。というのも，検察官は，捜査段階で，Ａを参考人として取調べ，生前Ｖに甲との交際状況について尋ねたところ，「甲なんか大嫌い」とだけ述べ，その後，話題を変えて甲については一言も触れようとしなかった旨の供述を得ていたからである。

ところが，証人尋問予定日の前日，Ａは交通事故により急死してしまった。そこで，検察官はさきの取調べに際して作成された調書を証拠として請求したところ，甲は，この証拠調べ請求に対して不同意である旨の意見を述べた。

なお，甲は捜査段階から一貫して自分が犯人であることを否認している。

この調書の証拠能力について論じなさい。

第15問

(1) 暴力団員であるXがVを殺害したとして起訴された公判において，目撃者として証人尋問を受けたW１は，検察官の質問に対し，「Xに似たような人がVを殺したのを見たのは確かだが，それがXかどうかは分からない。」旨の証言をした。

(2) そこで，検察官は，Xの弁護人立会いの下，期日後にW１を取り調べ，「証人尋問の際は，緊張していましたし，Xの知り合いと思われる複数の暴力団員が傍聴席にいて恐かったので，うまく証言できませんでしたが，今，思い返してみると，Vを殺したのはXに間違いありません。というのも，Xは，身長180センチメートル，中肉の男であり，切れ長の目をしているところや額に傷があるところまで，私が見た犯人とそっくりだからです。」という供述録取書（以下「W１調書」という。）を作成した。

(3) また，検察官は同じく目撃者として名乗りを上げた外国人W２を取り調べ，「XがVを殺したのを見た。」という内容の供述録取書（以下「W２調書」という。）を作成した。

しかし，W２は取調べを受けている間に不法滞在者であることが発覚したため，強制送還の手続が執られた。検察官は，Xの弁護人に対して，W２が強制送還されるおそれがあることを伝えていたが，Xの弁護人は何ら措置を執っていなかった。

(4) 次回期日において，検察官はW１調書及びW２調書を証拠調べ請求したが，X側がこれを不同意とする証拠意見を述べた。そこで，検察官は改めてW１の証人尋問を請求した。W１に対する証人尋問は，前回同様に，Xが所属している組の暴力団員が傍聴に来ている中で実施され，W１は，「Xが犯人だとは思うが，大した根拠はない。」と証言した。

(1)から(4)の事実を前提として，裁判所は，W１調書及びW２調書を証拠として採用することができるかについて，論じなさい。

第16問

甲は，交差点において赤色信号を殊更に無視し，かつ，重大な交通の危険を生じさせる速度で自動車を運転し，通行人を死亡させたとして，危険運転致死罪で起訴された。公判において，検察官は，事故を目撃したAを現場に立ち会わせて実施した実況見分の結果を記載した司法警察員作成の実況見分調書の証拠調べを請求したところ，甲の弁護人は，「不同意」との意見を述べた。

その実況見分調書には，(1)道路の幅員，信号機の位置等交差点の状況，(2)Aが指示した自動車と被害者の衝突地点，(3)甲の自動車が猛スピードで赤色信号を無視して交差点に侵入してきた旨のAの供述，が記載されていた。

裁判所は，この実況見分調書を証拠として取り調べることができるか。

（旧司法試験　平成18年度第２問）

第17問

被告人甲は，「被告人は…サバイバルナイフを用いてVを刺殺した。」旨の殺人罪で起訴された。検察官は，目撃者Wを証人として取調べ請求し，裁判所はこれを採用した。証人Wの証人尋問において，Wは，「叫び声を聞いて現場に駆けつけたところ，その場から急ぎ足で立ち去る男性とすれ違った。その男性とは面識がなく，詳細な特徴は覚えてはいないものの，被告人に似ているように思う。」と証言した。しかし，弁護人の反対尋問で，すれ違った男性の人相風体について追及されると，あいまいな証言に終始した。

(1) そこで，検察官は，Wが現場付近ですれ違った男性の人相風体について詳細に供述した検察官面前調書の取調請求をした。裁判所はこの検察官面前調書を取り調べることができるか。

(2) 仮に，(1)の証拠調べ請求が認められない場合，裁判所は，公判廷でのWの供述の証明力を増強する証拠として本件の検察官面前調書を取り調べることができるか。

第18問

司法警察員Ｐらは，かねてから覚せい剤密売の嫌疑のあるＸに対して内偵捜査を進めていたが，Ｘが他県の暴力団関係者から宅配便により覚せい剤を仕入れている疑いが生じた。もっとも，Ｘは捜査機関の摘発を最大限に警戒していたため，Ｐらは覚せい剤の入手方法については全く見当がついていない状況であった。そこで，Ｐらは，宅配便業者のＡ営業所に対して，Ｘの自宅に係る宅配便荷物の配達状況について照会等をした。その結果，Ｘ宅には短期間のうちに多数の荷物が届けられており，それらの配送伝票の一部には送り主の住所記載欄に実在しない住所が記載されているなどの不審な記載があることが判明した。かかる情報を入手したＰらは，Ｘ宅に配達される予定の宅配便荷物のうち不審なものを借り出してその内容を把握する必要があると考え，Ａ営業所の長であるＢに対し，協力を求めたところ，承諾が得られたので，合計５回にわたり，Ｘ宅に配達される予定の宅配便荷物各１個をＡ営業所から借り受けた上，エックス線検査を行った。その結果，１回目の検査においては覚せい剤とおぼしき物は発見されなかったが，２回目以降の検査においては，いずれも，細かい固形物が均等に詰められている長方形の袋の射影が観察された（以下，これら５回の検査を「本件エックス線検査」という。）。なお，本件エックス線検査を経た上記各宅配便荷物は，検査後，Ａ営業所に返還されて通常の運送過程下に戻り，Ｘ宅に配達された。また，Ｐらは，本件エックス線検査について，荷送人及び荷受人の承諾を得ていなかった。

なお，エックス線検査とは，対象物に外部からエックス線を照射して内容物の射影を観察することをいい，その射影によって荷物の内容物の形状や材質をうかがい知ることができる上，内容物によってはその品目等を相当程度具体的に特定することも可能なものである。

後日，Ｐらは，本件エックス線検査の射影の写真等を疎明資料の一部として捜索差押許可状の発付を得て，Ｘ宅の捜索を行った。そして，先日の本件エックス線検査を経て配達された宅配便荷物の中及び家宅内の机の引き出しから覚せい剤（以下「本件覚せい剤」という。）が発見されたため，これを差し押さえた。

⑴　本件エックス線検査の適法性について論ぜよ。

⑵　本件覚せい剤の証拠能力について論ぜよ。

第19問

殺人事件の被疑者として勾留中の甲は，司法警察職員乙から取調べを受けた際，犯行を否認し，「犯行当日は，妻と一緒に旅行していた。」と供述した。これに対し，乙は，妻に確認することなく，甲に「妻は旅行していないと言っている。」と告げた。その結果，甲は，犯行を自白し，犯行に使用したナイフの隠匿場所も供述した。

右自白およびナイフの証拠能力について論ぜよ。

(旧司法試験　平成４年度第２問)

第20問

甲は，Ａの住居に侵入し，Ａを殺害した後，Ａの腕時計及び財布を窃取した。検察官は，甲を逮捕したが，Ａが一人暮らしをしており，Ａの親族とも連絡が取れなかったことから，窃盗については，気が付かず，甲を殺人罪で起訴した（以下「前訴」という。）。甲は殺人罪で有罪となり，この判決は確定した。

その後，検察官は，Ａの親族から，Ａの腕時計及び財布がなくなっているとの連絡を受け，捜査を進めたところ，甲が盗んだことが発覚したため，改めて，甲を窃盗罪で起訴した（以下「後訴」という。）。

甲の弁護人は，後訴において，窃盗行為と殺害行為は，同一日時・場所で行われており，いずれも住居侵入罪と牽連犯の関係にあり，全体として科刑上一罪であるから，前訴の殺害行為と後訴の窃盗行為には公訴事実の単一性が認められ，殺人罪の確定判決の一事不再理効は窃盗罪にも及ぶから，窃盗罪の後訴に対しては免訴判決を下すべきである，と主張している。

なお，検察官による両起訴において，いずれも住居侵入罪は起訴されていない。

以上の事実を前提に，以下の各小問について，解答しなさい。

⑴　前訴における検察官の起訴の適法性について，論じなさい。

⑵　後訴の受訴裁判所は，弁護人の主張を受けて，どのような判断を下すべきか。

I 捜　　査

第1問

①A県B市内のC交差点では，飲酒運転による事故が多発していた。そこで，これを予防するため，B警察署は，自動車検問を実施することにした。担当に当たったPは，②夜10時から，C交差点を通行する自動車全台を対象として，停車させ，免許証の提示を求めるとともに，必要があると判断された場合には，呼気検査の方法により，体内のアルコール濃度を計測することにした。Pは，以上の方法に従い，C交差点を通行したXの運転する自動車を停車させ「自動車検問を実施しております。申し訳ありませんが，免許証を見せてもらえますか。」などと言い，Xに免許証の提示を求めた。Pは，免許証を確認した後，Xに対して質問をし，Xが通勤目的で運転していること，毎日自動車で通勤しC交差点を通ること等を聴取したが，特に不審な言動等が見受けられなかったため，③停車させてから1分30秒後に「ご協力ありがとうございました。気を付けてお帰りください。」などと言って，Xに対する検問を終わらせた。

その後，PがC交差点で待機していると，C交差点に向かってくるYが運転する自動車（以下「Y車」という。）を発見した。④Y車は，C交差点の数100メートル手前まで来ると停車し，Yが自動車から降りて，ハンドバッグを抱えながら反対方向へと走って行った。Pは，これを見て不審に思い，Yを走って追いかけて行き，Yに手が届く距離まで来ると「ちょっと，あなた。停まってくださいよ。」などと声をかけた。しかし，⑤Yが無言で走り続けようとしたため，⑥Pは，Yの背後から左の肩に手を掛け，後方に向かって力を入れることで，Yを反転させて走行を阻止した。⑦停止したYは，ハンドバッグを両手で抱えたまま，落ち着かない様子でいた。⑧Pは，Yに対して，いきなり走り出した理由を繰り返し聞いたが，Yは「特に理由はありません。」などと言って取り合わなかった。そこで，Pは，大事そうに抱えているハンドバッグが怪しいと思い，ハンドバッグを見せるよう求めたが，Yがこれを拒否したため，これを取り上げた。⑨Pは，取り上げたハンドバッグに封がされていなかったため，上から一瞥すると，中に拳銃が入っていたことから，Yをその場で，銃刀法違反の罪により，現行犯逮捕した。

PのX及びYに対する捜査の適法性について，論じなさい。

■ 出題論点

- 無差別一斉検問の可否……C
- 「停止させて」（警察官職務執行法２条１項）の意義……A
- 承諾なき所持品検査の可否……A

■ 問題処理のポイント

本問は，捜査法分野からの出題で，捜査の端緒に関わるものです。

司法警察活動としての捜査ではなく，行政警察活動としての職務質問や所持品検査が問題となる事案ですが，令状がない以上，「強制の処分」（197条１項ただし書）に至るような行為をすることはできません。このことは，警察官職務執行法（以下「警職法」と言います。）２条３項が「刑事訴訟に関する法律の規定によらない限り，身柄を拘束され，又はその意に反して警察署，派出所若しくは駐在所に連行され，若しくは答弁を強要されることはない。」と規定していることからもうかがわれます。

したがって，「強制の処分」に当たる可能性のある事案であれば，第１段階として，「強制の処分」該当性を検討しましょう。

「強制の処分」に当たらないとしても，司法警察活動における任意捜査の限界と同様に，行政警察活動においても，法の一般原則である比例原則が妥当するため，許容される行為については限界があります。このことは，警職法１条２項が「この法律に規定する手段は，前項の目的のため必要な最小の限度において用いるべきものであつて，いやしくもその濫用にわたるようなことがあってはならない。」と規程していることからもうかがわれます。

したがって，第２段階として比例原則違反の有無を検討しましょう。

■ 答案作成の過程

1 Xに対する捜査

1 無差別一斉検問の可否・法的根拠

本問では，②C交差点を通行する自動車全台を対象に自動車の停止を求めていますので，無差別の一斉交通検問が行われています。このような無差別の一斉検問は，「犯罪があると思料」（189条２項）されて行われるものではないため，司法警察活動たる捜査ではなく，また，不審車両を対象として行われるものでもないため，行政警察活動としての職務質問（警職法２条１項）にも当たりません。

そこで，この無差別の一斉検問の適法性についていかに解するのか，検討する必要があります。

この点について，判例（最決昭55.9.22【百選Ａ１】）は，「警察法２条１項が『交通の取締』を警察の責務として定めていることに照らすと，交通の安全及び交通秩序の維持などに必要な警察の諸活動は，強制力を伴わない任意手段による限り，一般的に許容されるべきものである」として，警察法２条１項を指摘しています。この読み方については争いがあり，大きく分けて，これを法的根拠（授権規定）であると解する立場と，個人の権利・自由を侵害しないため個別の法的根拠は不要であるが，組織法上の根拠は必要であり，その意味で警察法２条１項を指摘したと解する立場があります。

前者の立場については，警察法２条１項は組織法上の根拠にすぎず，作用法上の根拠ではない（なお，組織法と作用法の違いは，行政法で学習します）との批判が，後者の立場については，一斉自動車検問は移動の自由の制約など個人の権利・自由を侵害するおそれのある警察活動であり，明確な法的根拠のないまま，これを適法とすることは危険であるとの批判がなされています。

説明さえなされていれば，どちらの立場でもかまいません。なお，解答例では前者の立場によっています。

2　要件

判例（前掲最決昭55.9.22【百選Ａ１】）は，「警察官が，(a)交通取締の一環として交通違反の多発する地域等の適当な場所において，交通違反の予防，検挙のための自動車検問を実施し，同所を通過する自動車に対して走行の外観上の不審な点の有無にかかわりなく(b)短時分の停止を求めて，運転者などに対し必要な事項についての質問などをすることは，それが(c)相手方の任意の協力を求める形で行われ，自動車の利用者の自由を不当に制約することにならない方法，態様で行われる限り，適法」（(a)〜(c)，下線部筆者）であると解しています。

3　本問へのあてはめ

この読み方も，上記のいずれの立場によるのかによって変わってきますが，ここでは，あてはめを中心にみていくことにしましょう。

(a)については，①本件検問が行われたＡ県Ｂ市内のＣ交差点では，飲酒運転による事故が多発していたのであり，満たされるとみてよいでしょう。(b)については，③Ｘが実際に検問を受けた時間は１分30秒ほどであり，ごく短時間にとどまっています。(c)については，②停止させた後に免許証の提示を求めるというものであり，質問内容は，原則として運転目的等であり，呼気検査を求めるのは必要があると判断された場合に限られているのであって，自動車利用者への負担が過度にならないよう配慮されています。したがって，これもクリアします。

よって，上記要件は満たされているということができます。

2　Ｙに対する捜査

1　「停止させて」（警職法２条１項）の意義

まず，⑥ＰがＹの走行を阻止した行為が，「停止させて」（警職法２条１項）に該当するかが問題となります。

職務質問の際の有形力行使の限界については，いくつかの判例による事案の蓄積があります（最決昭53.9.22，最決平6.9.16【百選２】等）が，本問のように，「停まってくださいよ。」という声を無視して走り続けている相手を停止させるため肩に手を掛ける程度の行為は，一般に適法と解されています（最決昭29.7.15）。

したがって，多論点型の問題など，書くべき事項がたくさんある問題では，論述量を抑える工夫をすべきですが，本問では，多数の論点を手際よく処理しなければならないわけではありませんので，ある程度の分量をとって論じてもかまわないでしょう。

2　承諾なき所持品検査の可否

⑴　判例の立場

ア　次に，Ｐが，Ｙの承諾なくハンドバッグを取り上げて中を一瞥した行為の適法性を検討しましょう。これはいわゆる承諾なき所持品検査に当たります。

イ　承諾なき所持品検査については，「捜索に至らない行為は，強制にわたらない」限り職務質問の付随行為として許される場合があるというのが判例（最判昭53.6.20【百選４】）です。本問では，封がされていないハンドバッグの中を一瞥したという態様にとどまるため，捜索に至らない（強制にわたらない）とみてよいでしょう。

なお，「捜索に至らない」ことと「強制にわたらない」ことの関係性については議論がありますが，判例の立場が明確ではない以上，答案において深入りする必要はないでしょう。

ウ　さらに，判例（前掲最判昭53.6.20【百選４】）は，承諾のない所持品検査の適法性を肯定するためには，「所持品検査の必要性，緊急性，これによって害される個人の法益と保護されるべき公共の利益との権衡などを考慮し，具体的状況のもとで相当と認められる限度においてのみ，許容される」としています。

これは，司法警察活動としての任意捜査の限界についての判例（最決昭51.3.16【百選１】）の判断基準「強制手段にあたらない有形力の行使であっても，何らかの法益を侵害し又は侵害するおそれがあるのであるから，状況のいかんを問わず常に許容されるものと解するのは相当でなく，必要性，緊急性などをも考慮したうえ，具体的状況のもとで相当と認められる限度において許容される」と似通っています。任意捜査の限界は，法の一般原則としての比例原則の現れであると解されており，その意味で行政警察活動たる所持品検査にも同様の基準が妥当するのは自然であるといえるでしょう。

したがって，任意捜査の限界についての判断と同様に，具体的な検査の箇所と態様などから認められる個人の権利が侵害される程度と，疑われている犯罪の重大性，物件所持の疑いの強さ，その物件の危険性の強さなどから認められる公共の利益とを比較衡量して決定することになります。

(2)　本問へのあてはめ

それでは，本問について検討していきましょう。

本問では，必ずしもＹに特定の犯罪の嫌疑があるわけではありませんが，④Ｙが自動車から降りて，ハンドバッグを抱えながら反対方向へと走って行っていること，⑤Ｐが制止を求めたにもかかわらず，無言で走り続けようとしていること，⑦ハンドバッグを両手で抱えたまま，落ち着かない様子でいること，⑧停止後もＰの質問に取り合おうとしないことからすれば，Ｙの言動は不審であり，所持品検査を実施する必要性・緊急性は高いといえるでしょう。

一方で，⑨封がされていないハンドバッグの中を一瞥したという態様にとどまっており，被侵害利益たるプライバシー侵害の程度は軽微であるといえます。

したがって，「具体的状況のもとで相当」であるといえ，Ｐの行為は適法であると結論付けることができます。

■答案構成

第1　Xに対する捜査の適法性

1　無差別一斉検問の可否

↓

警察法2条1項説

2　目的の正当性，実施の具体的必要性，手段の任意性等

3　あてはめ

4　適法

第2　Yに対する捜査の適法性

1　職務質問の適法性

「停止させて」（警職法2条1項）の意義

必要性，緊急性等を考慮し，具体的状況の下で相当と認められる限度において許容される

あてはめ

適法

2　承諾なき所持品検査の可否

捜索に至らないこと，強制にわたらないこと

必要性，緊急性等を考慮し，具体的状況の下で相当と認められる限度において許容される

あてはめ

適法

□ 解答例

第１　Ｘに対する捜査の適法性

１　ＰはＸに対し，自動車検問の方法に従い，自動車を停車させ，免許証の提示を求めるなどしている（以下「本件検問」という。）。本件検問はＡ県Ｂ市内のＣ交差点で飲酒運転による事故が多発していたため，これを予防するために行われているから，交通違反の予防検挙を主たる目的とする一斉交通検問である。

←本件検問が犯罪の嫌疑を前提とせず，交通事故の予防を目的としていることを指摘します

犯罪の嫌疑がある車両に対してのみ停止を求めるのであれば職務質問（警察官職務執行法（以下「警職法」という。）２条１項）として許されるところ，嫌疑を前提としない無差別の一斉検問は許されるのかが問題となるが，自動車利用者には取締りに協力する義務があること，警察法２条１項が警察の職務として交通取締りを挙げていることから許されると解する。

←論証　争いのない結論

←警察法２条１項説（これを法的根拠（授権規範）とみる見解によりました）

２　しかし，無制限に許されるというわけではなく，行政警察活動といえども，国民の人権保障の見地から任意捜査と同様の規制を及ぼす必要がある（警察法２条２項，警職法１条参照）。

具体的な適法要件として，たとえば交通違反の多発する地域等の適当な場所に限定するなど，処分は，交通取締目的のため，必要な限りで行われなければならない。また処分は，目的達成のため相当なものに止まらなければならない。具体的には，相手方の任意の協力を求める形で行われ，短時分の停止を求め運転者などに対し必要な事項についての質問などをするなど，自動車利用者の自由を不当に制約しない方法，態様で行われることが必要であると解する。

←要件

３　本件検問が行われたＡ県Ｂ市内のＣ交差点では，飲酒運転による事故が多発していたのであるから，交通取締目的のため，必要な限りで行われているといえる。

←あてはめ

次に，Ｘが実際に検問を受けた時間は１分30秒ほどであり，ごく短時間にとどまる。また，本件検問は，停止させた後に免許証の提示を求めるというものであり，質問内容は，原則として運転目的等であり，呼気検査を求めるのは必要があると判断された場合に限られているのであって，自動車利用者への負担が過度にならないよう配慮されている。

したがって，本件検問は，自動車利用者の自由を不当に制約しない方法，態様で行われているといえる。

４　以上より，任意の協力を求める形で行われている限り，Ｘに対する捜査は適法である。

第２　Ｙに対する捜査の適法性

１⑴　Ｙが自動車から降りて反対方向に走っていった行動は，「不審な挙動」に当たり，何らかの犯罪を犯し，又は犯そうとしている「相当な理由」が認められるため，Ｐは，Ｙに対して，職務質問（警職法２条１項）をすることができる。では，Ｙの背後から左の肩に手を掛け，後方に向かって力を入れることでＹを反転させて走行を阻止した行為は，「停止させ」（同条項）る行為として許されるか。

←職務質問の要件を確認

←職務質問における有形力行使の限界

⑵　職務質問は，その性質は行政警察活動であるが，これに

←論証

より嫌疑が具体化するなどして任意捜査等へと発展することが少なくなく，この場合両者は一連の手続として連続して行われることなどから，任意捜査（197条１項本文）と同様の規律を及ぼすべきである。
　したがって，強制捜査手続によらなければ許されないような強制手段に至らない程度の有形力の行使は，強制にわたらない限り許容され得ると解する。
　具体的には，職務質問及びこれを行うための停止行為の必要性，緊急性，これによって害される個人の利益と得られる公共の利益との権衡等を考慮し，具体的状況の下で相当と認められる限度において許容されると解する。 ←所持品検査における判例の判断基準を援用しました

(3)　本件で，Ｙ車は，Ｃ交差点の数100メートル手前まで来ると停車し，Ｙが自動車から降りてハンドバッグを抱えながら反対方向へと走って行っている。かかる不審な行動から質問の必要性が肯定でき，ＹはＰが声をかけた際，無言で走り続けようとしており，質問を継続する緊急性も肯定できる。 ←あてはめ
　さらに，Ｐの行動はＹの背後から左の肩に手を掛け，後方に向かって力を入れることでＹを反転させるというものであり，移動の自由に対する侵害の程度は軽微であり，必要最低限の有形力の行使にとどまっている。
　以上から，上記行為は具体的事情の下で相当と認められる限度にとどまっているといえ，適法である。

2(1)　次に，Ｙの承諾なくハンドバッグを取り上げて中を一瞥した行為は適法か。 ←承諾なき所持品検査の可否

(2)　まず，所持品検査自体は法の根拠がないが，職務質問の付随行為として適法であると解する（警職法２条１項）。 ←論証
　ただし，所持品検査は職務質問の付随行為として許容される以上，所持人の承諾を得て行うことが原則である。
　では，承諾のないままこれを行うことが許されるか。
　これを安易に許せば，捜索・差押えなどの強制捜査に令状を要求した法の趣旨が潜脱される可能性がある。しかし，一切の所持品検査ができないとなれば，犯罪の予防・鎮圧といった行政警察活動の目的を達することができない。
　したがって，捜索に至らない行為は，強制にわたらない限り許容され得ると解する。具体的には，検査の必要性，緊急性，検査により害される個人の利益と得られる公共の利益との権衡等を考慮し，具体的状況の下で相当と認められることを要するというべきである。 ←判断基準

(3)　上記Ｐの行為は，その態様からしてＹの意思を制圧するようなものではなく，捜索に至らないことは明らかである。 ←あてはめ
　そして，Ｙは上記のような不審な行動をとっていること，事情聴取に応じずハンドバッグを抱えるなどの抵抗を示していることから，必要性・緊急性が認められる。一方，Ｐの行為は封がされていなかったハンドバッグの中を一瞥したというものであり，内部への侵入を伴うものではなく，Ｙのプライバシーに対する配慮がなされており，相当である。
　したがって，本件の所持品検査は適法である。　以　上

● 合格者の問題メモ

Ａ県Ｂ市内のＣ交差点では，飲酒運転による事故が多発していた。そこで，これを予防するため，Ｂ警察署は，自動車検問を実施することにした。担当に当たったＰは，夜１０時から，Ｃ交差点を通行する自動車全台を対象として，停車させ，免許証の提示を求めるとともに，必要があると判断された場合には，呼気検査の方法により，体内のアルコール濃度を計測することにした。Ｐは，以上の方法に従い，Ｃ交差点を通行したＸの運転する自動車を停車させ「自動車検問を実施しております。申し訳ありませんが，免許証を見せてもらえますか。」などと言い，Ｘに免許証の提示を求めた。Ｐは，免許証を確認した後，Ｘに対して質問をし，Ｘが通勤目的で運転していること，毎日自動車で通勤しＣ交差点を通ること等を聴取したが，特に不審な言動等が見受けられなかったため，停車させてから１分３０秒後に「ご協力ありがとうございました。気を付けてお帰りください。」などと言って，Ｘに対する検問を終わらせた。

その後，ＰがＣ交差点で待機していると，Ｃ交差点に向かってくるＹが運転する自動車（以下「Ｙ車」という。）を発見した。Ｙ車は，Ｃ交差点の数１００メートル手前まで来ると停車し，Ｙが自動車から降りて，ハンドバッグを抱えながら反対方向へと走って行った。Ｐは，これを見て不審に思い，Ｙを走って追いかけて行き，Ｙに手が届く距離まで来ると「ちょっと，あなた。停まってくださいよ。」などと声をかけた。しかし，Ｙが無言で走り続けようとしたため，Ｐは，Ｙの背後から左の肩に手を掛け，後方に向かって力を入れることで，Ｙを反転させて走行を阻止した。停止したＹは，ハンドバッグを両手で抱えたまま，落ち着かない様子でいた。Ｐは，Ｙに対して，いきなり走り出した理由を繰り返し聞いたが，Ｙは「特に理由はありません。」などと言って取り合わなかった。そこで，Ｐは，大事そうに抱えているハンドバッグが怪しいと思い，ハンドバッグを見せるよう求めたが，Ｙがこれを拒否したため，これを取り上げた。Ｐは，取り上げたハンドバッグに封がされていなかったため，上から一瞥すると，中に拳銃が入っていたことから，Ｙをその場で，銃刀法違反の罪により，現行犯逮捕した。

ＰのＸ及びＹに対する捜査の適法性について，論じなさい。

● 合格者の答案構成

X …一斉検問
・法的根拠
・限界

Y 職務質問（警職法2条）
有形力の行使の可否・程度
所持品検査
→法的根拠，限界

合格者の答案例

第1　Xに対する捜査の適法性について

1　Pが、Xに対して行った捜査は、C交差点を通行する自動車全台を対象として行う自動車検問であり、いわゆる一斉交通検問である。この一斉交通検問については、明文の規定がないので、適法性に関して、まず、法的根拠の有無が問題となる。

(1)　この点については、警察法2条1項が警察の責務として「交通の取締」を挙げている。この交通の取締という責務を果たすため、交通取締目的の一斉検問を行うことも許されると解する。

(2)　したがって、Pは、警察法2条2項を根拠に一斉交通検問を行うことができる。

2　もっとも、一斉検問は、自動車利用者の行動を制約することになるため、無制約に許されるわけではない。そこで、一斉交通検問の限界が問題となる。

(1)　この点、警察法2条2項の趣旨や、任意捜査における警察比例の原則（197条1項）の趣旨から、必要性、相当性が認められる範囲で許容されると解する。具体的には、①交通違反が多発する地域で、②交通違反の取締りを目的とし、③すべての車両を対象とし④短時分の停止を求め、⑤任意の協力を求める形で行うなど利用者の自由を不当に制約しない方法で行われれば、適法となる。

(2)　本問では、Pは、C交差点で自動車全台を対象として行っているが（③充足）、C交差点は飲酒運転による事故が多発していた地域であった（①充足）。そして、Pは、飲酒運転の予防を目的として行っており（②充足）、停車してもらい、免許証の提示を求めるまで、任意の協力を求める形で行われていた（⑤充足）。また、特に不審な点がなければ、すぐに検問を終わらせており、Xに対しても1分30秒程度で
~~終わらせていた。そうなって、短時分の停止を求め~~
終わらせており、短時分の停止を求める形で行われていた（④充足）。

(3)　したがって、PのXに対する捜査は、一斉交通検問として適法である。

第2　Yに対する捜査の適法性について

1　Pは、Yに対し、Yを停止させ、いきなり走り出した理由等を質問している。Yは、C交差点の数100メートル手前まで来ると停車し、自動車から降りて、ハンドバッグを抱えて反対方向に走り出すという不審な行動を採っており、このような「異常な挙動」から、「何らかの犯罪を」「犯そうとしていると疑うに足りる相当な理由のある者」にあたる（警察官職務執行法（以下、警職法）2条1項）。したがって、Pは、Yに対し、職務質問（警職法2条1項）を行うことができる。

2　もっとも、Pは、Yに対して職務質問を行う際、Yの左肩に手をかけ走行を阻止しており、有形力を行使している。この

ように、職務質問の際に有形力を行使することは許されるか。

(1) この点、犯罪予防等の行政警察活動の目的を達成するため、職務質問の際に一定程度の有形力の行使は必要である。法が「停止させて」と規定しているのも、このような趣旨からである。もっとも、職務質問は、任意手段であり、人権侵害のおそれもあることから無制約に行使することは許されない。そこで、強制に至らない程度の有形力の行使は、必要かつ相当と認められる範囲で許されると解する。

(2) Pは、Yを停止させるため、停まってくださいよなどと声をかけているが、Yは無言で走り続けようとしていた。そうすると、停止させるために有形力を行使する必要性は高い。また、行使の態様も左肩に手を掛けYを反転させ走行を阻止している程度である。したがって、Pの有形力の行使は、Yを停止させるために必要かつ相当な範囲で行われている。よって、Pの行為は適法である。

3 PがYのハンドバッグを取り上げ、内部を一べつした行為は適法か。

(1) Pの行為は、いわゆる所持品検査であるが、直接の明文の規定はないものの、口頭で行われる職務質問と密接に関連し、その実効性を挙げる上で必要性・有用性の認められる行為であるから、警職法2条1項により職務質問に付随して行うことができる。

そして、所持品検査は任意手段であるので、所持人の承諾を得て行うのが原則であるが、承諾のない場合に一切できないとすると職務質問の目的を達成することができない。そこで、捜索に至らない程度の行為は、強制にわたらない限り、所持品検査の必要性・緊急性、具体的状況の下で相当性が認められる場合は適法となると解する。

(2) Pは、Yがハンドバッグを見せることを拒否しているにもかかわらず、Yからハンドバッグを取り上げ、自己に占有を移している。このように、十分な説得行為を行わず、所持人が拒否を明示しているなかで、所持品を取り上げるという行為は強制に至っていると評価できる。

したがって、Pの行った行為は、所持品検査の限界を超え違法である。

4 PがYを現行犯逮捕した行為も、違法な所持品検査を直接利用していることから違法となる。

以上

第2問

①マンションの一室での殺人事件につき，被害者と同棲したことのある甲が自らT警察署に出頭し，アリバイがある旨弁明したが，裏付け捜査によりこれが虚偽だと判明し，②甲の嫌疑が強まったため，捜査官Pらが某日早朝，③T警察署付近にある甲の自宅に赴き，④甲に任意同行を求めると，甲はこれに応じた。PらはT警察署で甲の取調べを行い，甲は同日夜に犯行を認めた。⑤Pらは，同日午後11時過ぎに一応の取調べを終えたが，甲から自宅に帰りたくないので旅館に泊めてもらいたい旨の申出（答申書）を受け，⑥同署近くのビジネスホテルに捜査官4，5名とともに甲を宿泊させ，⑦1名の捜査官は甲の隣室に泊まり込む等して甲の挙動を監視した。翌朝，⑧Pらが自動車で甲を迎えに行き，同署で午後11時頃まで取調べをし，同夜も甲が帰宅を望まないため近くのホテルに送り届けて宿泊させた。⑨次の2日間も昼から深夜にかけて取調べをし，夜はホテルに宿泊させた。⑩各夜とも，ホテル周辺に捜査官が張り込み甲の動静を監視した。なお，⑪宿泊代金は4日目の分以外は警察が支払った。この間の取調べでPらは甲から自白を得たが，決め手となる証拠が不十分だったので甲を逮捕せず，迎えに来た母らと帰郷させた。警察はその後2か月余り捜査を続けた上で甲を逮捕した。

Pらの捜査の適法性を論ぜよ。

出題論点

・任意同行と実質的逮捕の区別 …… A
・任意取調べの限界 …… A

問題処理のポイント

本問は，最決昭59.2.29【百選6】を素材とする，いわゆる宿泊を伴う取調べの適法性を問うものです。同決定は高輪グリーンマンション事件として非常に著名であり，この問題に関する最重要判例です。

任意取調べの限界の問題では，第1段階として実質的逮捕に至っていないか（強制捜査に至っていないか）を検討し，第2段階として，任意取調べの限界を検討する（任意捜査の限界を超えていないか）というステップを踏む必要があります。

ただし，明らかに実質的逮捕に当たらないような事案では，第1段階について詳しく検討する必要はありません。この辺りは，強制捜査と任意捜査の区別，任意捜査の限界についての検討と同様です。

■ 答案作成の過程

1 任意取調べの限界

最決昭59.2.29【百選６】（以下「素材判例」といいます）は，任意取調べの限界について，問題となった取調べは「刑訴法198条に基づき，任意捜査としてなされたものと認められるところ，任意捜査においては，強制手段，すなわち，『個人の意思を制圧し，身体，住居，財産等に制約を加えて強制的に捜査目的を実現する行為など，特別の根拠規定がなければ許容することが相当でない手段』（最高裁昭和……51年3月16日……決定……参照）を用いることが許されないことはいうまでもないが，任意捜査の一環としての被疑者に対する取調べは，右のような強制手段によることができないというだけでなく，さらに，事案の性質，被疑者に対する容疑の程度，被疑者の態度等諸般の事情を勘案して，社会通念上相当と認められる方法ないし態様及び限度において，許容される」と判示しています。

その後，最決平元.7.4【百選７】も，この判断基準を踏襲し，問題となった「取調べは，刑訴法198条に基づく任意捜査として行われたものと認められるところ，任意捜査の一環としての被疑者に対する取調べは，事案の性質，被疑者に対する容疑の程度，被疑者の態度等諸般の事情を勘案して，社会通念上相当と認められる方法ないし態様及び限度において，許容されるものである」としています。

この判断基準の意義については，学説上様々な議論がありますが，ひとまず，第１段階として既に身柄拘束下の取調べの域に達しているとして，違法「逮捕」となる場合と，第２段階として逮捕までには至らないが，任意捜査それ自体の許容限度を超えて違法となる場合の２段階があり，これらの判例の事案においては，第１段階は当然にクリアし，第２段階について中心的に検討されていると理解しておけばよいでしょう。

以上の判例の判断枠組みを前提にすると，解答に当たっては２段階の検討を要することになります。

上記のように，本問の素材となった素材判例が，明示的に第１段階の検討をしていないことからも明らかなように，本問において実質的逮捕に当たる可能性は極めて低い（後述のように，素材判例には，任意取調べの限界を超え違法であるとする少数意見が付されていますが，この意見も強制手段該当性については，「被告人を実質的に逮捕し身柄を拘束した状態に置いてなされたものとまでは直ちにいい難い」として一言で片づけています。）ので，多数の論点がある場合には，詳細に検討する必要はありません。もっとも，本問においては，取調べの適法性をめぐる問題しか問われていませんので，ある程度の分量をとって検討してもかまわないでしょう。

2 本問へのあてはめ

本題である第２段階の判断について検討しましょう。

素材判例は，以下のような違法方向・適法方向の事実を総合的に判断し，任意取調べの限界を超えていないと判断しています。

〈違法方向の事実〉

・被告人を４夜にわたり捜査官の手配した宿泊施設に宿泊させた上，前後５日間にわたって被疑者としての取調べを続行していること
→⑥⑧⑨の事実に相当

・被告人の住居は取調べが行われていた警察署からさほど遠くはなく，深夜であっても帰宅できない特段の事情も見当たらないこと
→③の事実（Ｔ警察署付近に甲の自宅があること）に相当

・第１日目の夜は，捜査官が同宿し被告人の挙動を直接監視し，第２日目以降も，捜査官らがホテルに同宿こそしなかったもののその周辺に張り込んで被告人の動静を監視しており，上記警察署との往復には，警察の自動車が使用され，捜査官が同乗して送り迎えがなされていること
→⑦⑧⑩の事実に相当

・最初の３晩については警察において宿泊費用を支払っており，しかもこの間午前中から深夜に至るまでの長時間，連日にわたって取調べが続けられていること
→⑧⑨⑪の事実に相当

〈適法方向の事実〉

・初日の宿泊については宿泊を希望する旨の答申書を差し出していること
→⑤の事実に相当

・被告人が取調べや宿泊を拒否し，取調室あるいは宿泊施設から退去し帰宅することを申し出たり，そのような行動に出た証跡はなく，捜査官らが，取調べを強行し，被告人の退去，帰宅を拒絶したり制止したというような事実もうかがわれないこと
→⑧の事実（甲が帰宅を望まないこと）に相当

・事案（殺人事件）の性質上，速やかに被告人から詳細な事情及び弁解を聴取する必要性があったものと認められること
→①の事実に相当

・被告人に対する容疑が強まっていること（ただし，これは警察署への同行を求めた点の適法性について検討する文脈において指摘されている事実です）
→②の事実に相当

本問は，素材判例の事実関係をほとんど変えていないため，結論的には適法でいいでしょう。

ただし，素材判例も「宿泊の点など任意捜査の方法として必ずしも妥当とはい

い難い」と指摘しており，さらに素材判例の少数意見が「任意捜査としてその手段・方法が著しく不当で、許容限度を越える違法なものというべき」であるとしていることからすると，限界的な事案であることは間違いありません。

したがって，素材判例の事案を少し変更した問題が出題された場合には，違法という結論になることも十分に考えられます。

その場合には，違法方向の事実だけではなく，適法方向の事実にもしっかりと配慮して論じることが重要です。

なお，T警察署への同行を求めた点は，④甲が応じていることから，任意であることは明らかです。答案上はひとこと触れておくだけで十分でしょう。

答案構成

1　任意同行及び任意取調べの法的根拠

↓

198条1項本文

↓

2　任意同行（任意取調べ）と実質的逮捕の区別

↓

被疑者の意思を制圧していたか

↓

あてはめ

↓

3　任意取調べの限界

↓

あてはめ

↓

4　適法

解答例

1　Ｐらは甲に警察署への同行を求め，その後甲の取調べを実施しているが，そもそもかかる任意同行等が捜査手法として認められるか，明文なく問題となる。

←任意同行及び任意取調べの法的根拠

　この点について，任意同行及び任意取調べによると逮捕がより慎重になり，被疑者の名誉保護に資する場合もある。また，真の同意に基づくものであれば特に人権の侵害にはならない。

←論証

　よって，刑事訴訟法上の任意同行及び任意取調べは，任意である限り，198条１項本文によって認められるものと解する。

2(1)　しかし，上記捜査は任意の限度で行われなければならない。これが実質的逮捕に至っていると評価できる場合には，無令状逮捕として違法となる（199条１項，憲法33条）。

←任意同行（任意取調べ）と実質的逮捕の区別

(2)　そこで，本来の許されるべき任意同行及び任意取調べとこれに仮借した違法な実質的逮捕とを区別する必要がある。

←論証

実質的逮捕に当たらないことはほぼ明らかな事案であるため，他に論じなければならない事項が多い場合には，ここまで詳しく検討する必要はありません

　具体的には，被疑者の意思が制圧されており，逮捕と同一視すべき強制が加えられている場合には，実質的逮捕に当たるというべきである。その際には，①同行を求めた時間，場所，②同行の方法，態様，③同行を求める必要性，④同行後の取調べ時間，方法，⑤被疑者の対応の仕方等の客観的事情を総合的に考慮して，意思制圧の有無を判断すべきであると解する。

(3)　本件では，①確かに同行を求めた時間・場所は，早朝，甲の自宅であり，甲のプライバシーに対して一定の制限があることは否定できない。

←あてはめ

　もっとも，本件では②同行を求めた際に有形力を行使したとの事情はなく，穏当な方法であったといえるし，③甲の嫌疑も強く同行を求める必要性がある。また，④同行後の取調べも泊り込みを伴うものではあるものの，⑤甲が特に異議を述べたとの事情もなく，逆に泊り込みを希望している。

(4)　したがって，本件の任意同行及び任意取調べは，甲の意思を制圧するものではなく，実質的逮捕には当たらない。

3(1)　もっとも，上記のように，任意同行及び任意取調べは任意捜査の一環であるから，強制的手段によることができないというだけでなく，事案の性質，被疑者に対する容疑の程度，被疑者の態度等諸般の事情を勘案して，社会通念上相当と認められる方法ないし態様及び限度において，許容されると解すべきである。

←論証

(2)ア　本件では，まず，甲に対する当初の任意同行については，捜査の進展状況からみて甲に対する容疑が強まっており，殺人事件という事案の性質，重大性等にも鑑みると，その段階で直接甲から事情を聴き弁解を聴取する必要性があったことは明らかであり，任意同行の手段・方法等の点において相当性を欠くところがあったものとは

←あてはめ

いえないし，任意同行に引き続くその後の甲に対する取調べ自体も穏当に行われたものといえる。

イ　もっとも，甲を４夜にわたりＰらの手配した宿泊施設に宿泊させたことについては，必ずしも妥当なものとはいい難い。 ←違法方向の事実

すなわち，甲の自宅はＴ警察署からさほど遠くなく，深夜であっても帰宅できない特段の事情も見当たらない。また，第１日目の夜は，捜査官らが同宿し甲の挙動を直接監視し，第２日目以降も，捜査官らが前記ホテルの周辺に張り込んで甲の動静を監視していること，Ｔ警察署との往復には，警察の自動車が使用され，捜査官が同乗して送り迎えがなされていること，４日目以外については警察が宿泊費用を支払っており，しかもこの間昼間から深夜に至るまでの長時間，連日にわたって本件についての追及，取調べが続けられたものであることなどの諸事情に徴すると，甲は，Ｐらの意向に沿うように，かかる宿泊を伴う連日にわたる長時間の取調べに応じざるを得ない状況に置かれていたものとみられる。

ウ　しかしながら，甲は，初日の宿泊については自宅に帰りたくないので旅館に泊めてもらいたい旨の答申書を差し出しており，また，取調べや宿泊を拒否し，取調室あるいは宿泊施設から退去し帰宅することを申し出たり，そのような行動に出たりもしていない。また，Ｐらが，取調べを強行し，甲の退去，帰宅を拒絶したり制止したりというような事実もうかがわれない。これらの諸事情を総合すると，かかる取調べにせよ宿泊にせよ，甲がその意思によりこれを容認し応じていたものと認められる。 ←本問事案の特殊性

(3)　甲に対する上記のような取調べは，宿泊の点など任意捜査の方法として必ずしも妥当とはいい難いところがあるものの，甲が任意に応じていたものと認められるばかりでなく，事案の性質上，速やかに甲から詳細な事情及び弁解を聴取する必要性があったものと認められることなどの本件における具体的状況を総合すると，社会通念上相当なものといえる。

4　以上より，本件取調べは，任意捜査の限界を逸脱するものとはいえず，適法である。

以　上

● 合格者の問題メモ

マンションの一室での殺人事件につき，被害者と同棲したことのある甲が自らＴ警察署に出頭し，アリバイがある旨弁明したが，裏付け捜査によりこれが虚偽だと判明し，甲の嫌疑が強まったため，捜査官Ｐらが某日早朝，Ｔ警察署付近にある甲の自宅に赴き，甲に任意同行を求めると，甲はこれに応じた。Ｐらは Ｔ 署で甲の取調べを行い，甲は同日夜に犯行を認めた。Ｐらは，同日午後１１時過ぎに一応の取調べを終えたが，甲から自宅に帰りたくないので旅館に泊めてもらいたい旨の申出（答申書）を受け，同署近くのビジネスホテルに捜査官４，５名と共に甲を宿泊させ，１名の捜査官は甲の隣室に泊まり込む等して甲の挙動を監視した。翌朝，Ｐらが自動車で甲を迎えに行き，同署で午後１１時頃まで取調べをし，同夜も甲が帰宅を望まないため近くのホテルに送り届けて宿泊させた。次の２日間も昼は取調べをし，夜はホテルに宿泊させた。各夜とも，ホテル周辺に捜査官が張り込み甲の動静を監視した。なお，宿泊代金は４日目の分以外は警察が支払った。この間の取調べでＰらは甲から自白を得たが，決め手となる証拠が不十分だったので甲を逮捕せず，迎えに来た母らと帰郷させた。警察はその後２か月余り捜査を続けた上で甲を逮捕した。

Ｐらの捜査の適法性を論ぜよ。

● 合格者の答案構成

1 実質逮捕ではないか
→強制にわたるような行為はない

2. 任意取調べの限界

1日目	2日目	3日目	4日目	5日目
早朝～PM11:00 15.6時間	同じ	────	────→	釈放

合格者の答案例

1　Pらは、甲に任意同行を求め、4日間の宿泊を伴う取調べを行っている。

　ここで、取調べを行う際の任意同行については明文の規定はないが、被疑者が任意に応じているような場合は禁止する必要はなく、法も「出頭を求め」ることができる（198条1項本文）としていることから、任意捜査として行うことができると解する。

2　Pらが甲に対して行った取調べは、4日間と長期間にわたるもので、~~任意捜査の限界を超え~~、実質逮捕に至っているのではないか、任意捜査と実質逮捕の区別基準が問題となる。

(1)　この点、逮捕とは、被疑者の意思を制圧し、身体という重要な権利・利益に制約を加えて捜査目的を達成する強制処分（197条1項ただし書）である。そうすると、任意捜査と逮捕との区別は、被疑者の意思を制圧するようなものであったかで決せられる。そこで、任意同行や取調べの態様等を考慮し、意思の制圧の有無を判断する。

(2)　本問では、甲は、Pらの任意同行に特に反対の意を示すことなく応じており、その後の取調べでも任意に応じており、宿泊に関しても異議なく応じている。したがって、甲の意思の制圧はなく、Pらの捜査が実質逮捕として違法となることはない。

3　もっとも、Pらの取調べが任意捜査にあたるとしても、本問のような宿泊を伴う取調べは、任意の取調べの限界を超え違法とならないか。任意取調べの限界が問題となる。

~~(1)　任意捜査の一環である任意取調~~

(1)　任意取調べも任意捜査の一環であるから無制約に行うことは許されず、事案の性質・被疑者の容疑の程度・被疑者の態度等諸般の事情を考慮して、社会通念上相当と認められる限度で許容される。

(2)　本問では、4日間もの宿泊を伴い取調べを行っており、任意取調べにおいて、このような宿泊を伴う取調べは妥当な方法ではない。また、取調べ時間も早朝から午後11時までと長く、このような取調べを4日間も続けたことからすると、社会通念上相当とされる限度を超えているとも思える。

　もっとも、本問で捜査の対象となっているのは殺人事件という重大犯罪であり、マンションの一室で起こった事件であることから、目撃者等も少なく証拠の収集も困難であったと思われる。現に、甲から自白を得た後も、裏付け捜査に工期を要している。また、甲は、以前被害者と同棲したことがあることや、自らアリバイがある旨の虚偽の弁明を行っていることから相当程度の容疑も認められる。このような、事案の性質や甲の容疑の程度から、甲に対して取調べを行う必要は高く、ある程度長時間の取調べを行うこともやむを得ない。

さらに、甲は、任意同行から取調べ、宿泊まで任意に応じていた。このような甲の態度も考慮すれば、本問での具体的状況の下、P3の行った取調べは社会通念上相当とされる限度を超えていないと認められる。

4　以上より、P3の捜査は任意取調べとして適法である。

以上

第3問

司法警察職員甲は，夜間パトロール中，①乙から「今そこで暴力団員風の男に顔を殴られた。」と訴えられ，乙の顔面を見ると鼻血が出ていた。そこで，乙と一緒に付近を捜索していたところ，②約1時間後に，現場から500メートル離れた飲食店から丙が出てきた。③乙が丙を指さし，「あいつだ。」と大声を挙げたため，④丙は逃走の気配を示した。甲がその場で丙を逮捕する上での問題点を挙げ，これについて論ぜよ。

（旧司法試験　昭和62年度第1問）

出題論点

・現行犯逮捕……A
・準現行犯逮捕……A

問題処理のポイント

本問は捜査法の分野から，現行犯逮捕（準現行犯逮捕）の適法性を問うものです。旧司法試験昭和62年度第1問で出題された問題をそのまま用いています。

現行犯逮捕（準現行犯逮捕）の適法性を論じる際は，まず条文の文言を踏まえ，要件を定立することが重要となります。次に，要件認定の判断資料としてどのようなものを用いることができるのか，論じる必要があります。

これらの法律論を論じた上で，できる限り丁寧に問題文の事実を摘示・評価し，結論を導きましょう。

■ 答案作成の過程

1 （狭義の）現行犯逮捕

1 現行犯逮捕の要件

甲は逮捕状の発付を受けていないので，現行犯逮捕（213条，212条１項），準現行犯逮捕（213条，212条２項）又は緊急逮捕（210条）のいずれかの方法を検討する必要があります。

まずは，現行犯逮捕から検討しましょう。現行犯逮捕の要件は，「現に罪を行い，又は現に罪を行い終つた者」であることです。現行犯逮捕の要件は，一般に(a)犯罪の現行性（それに準じる時間的接着性），(b)犯罪と犯人の明白性であるとされていますが，条文の書きぶりからは，(a)の要件を読み取ることができても，(b)の要件を読み取ることは難しいように思われます。

したがって，(b)の要件を導き出す際には，現行犯逮捕の許容理由（誤認逮捕のおそれが低いこと）から論じる必要があります。なお，現行犯逮捕の要件として場所的接着性を要求する立場もありますが，少なくとも条文上は「場所的」接着性を読み取れるような文言は見当たらないので，そのような立場に立つ場合にはなぜ場所的接着性が要件となるのか，説明を加えておいた方がよいでしょう。

2 本問へのあてはめ

本問では，犯行から②約１時間を経過してしまっています。一般に(a)の要件を満たすためには，30～40分が限界であると言われていますので，本問では(a)の要件を満たさないでしょう。

したがって，(b)の要件を検討するまでもなく，現行犯逮捕は許されないものと解されます。

なお，(b)の要件をメインとして検討する場合には，要件判断の認定資料としてどのようなものを用いることができるのか，という点も論じてください。特に，供述証拠（被害者や目撃者の供述，被疑者の自供等）を用いることができるか否かについては争いがありますので，それらが問題となる事案では，論じ忘れないように注意してください。

2 準現行犯逮捕

1 準現行犯逮捕の要件

準現行犯逮捕の要件は，「各号の一にあたる者が，罪を行い終つてから間がないと明らかに認められる」（212条２項柱書）ことです。

ここから，準現行犯逮捕の要件は，(a)（現行犯逮捕より緩和された）時間的接着性，(b)犯罪と犯人の明白性，(c)時間的接着性の明白性，(d)212条２項各号に当たることであると解されています（212条２項の文言からも場所的な要素を直ちに読み取ることは困難なので，場所的接着性を要件とする場合は，現行犯逮捕と同様にある程度の説明が必要です)。

2 本問へのあてはめ

(1) まず，(a)の要件については，②犯行後約１時間程度しか時間が経過していないことから，認められるといってよいでしょう。また，③乙が丙を指さし，「あいつだ。」と大声を挙げたところ，④丙が逃走の気配を示していることから，４号事由（「誰何(すいか)されて逃走」）があるとみることができます。なお，「誰何されて逃走」とは，通常人であるなら危険を感じて逃走したりしないような場合に逃げ出すことを意味するとされていますから，必ずしも口頭で「誰か」と発問することが必要なわけではありません。

(2) 問題は，(b)と(c)の要件です。本問では，丙の外見上，証跡が認められず，４号事由が認められるにすぎない事案です（１号から４号の順に明白性を担保する力が弱くなると解されています）ので，時間的場所的（②犯行現場から500メートル）な接着性が認められるとはいえ，客観的状況のみから(b)や(c)の要件を認めることは困難です。

そこで，③乙が丙を指さし，「あいつだ。」と大声を挙げたことを考慮できるかどうかが問題となります。

上記のように，現行犯逮捕においては，供述証拠を判断資料として考慮できるか否かは争いがあります。

一方で，準現行犯逮捕においては，現行犯逮捕ほどの争いはありません。なぜなら，212条２項各号の要件は，本来の現行犯の場合の「現に罪を行い，又は現に罪を行い終つた」という要件と異なり，その要件だけではその者が犯罪を犯したか否か，又は犯罪が行われて間がないかどうかが必ずしも明らかにならない場合が多いと思われ，法律自体が他の証拠を準現行犯認定の資料として用いることを当然予定していると考えられるからです。

したがって，乙の上記の供述を考慮に入れること自体は可能です。そして，①被害者乙は傷害の被害を受けた直後に甲にその旨を伝えていることからすると，そのような乙の供述には高度の信用性があるといえるでしょう。この点を重視すれば，(b)(c)の要件を満たすと考えることも可能です。

とはいえ，上記のように，丙の犯人性を基礎付ける客観的事情が乏しい事案であるため，やはり(b)(c)の要件を満たさないという評価もあり得るでしょう。

(3) 参考になる判例としては，犯行から40～50分を経過した後，犯行現場から1100メートル離れた地点で，懐中電灯で照らし，同人に向かって警笛を鳴らしたのに対し，これによって警察官と知って逃走しようとした被疑者を準現行犯逮捕したことを適法としたものがあります（最決昭42.9.13）。

3 緊急逮捕

傷害罪（刑法204条）は「長期３年以上の懲役……にあたる罪」であり，「罪を犯したことを疑うに足りる充分な理由がある場合」に当たり，「急速を要し，裁判官の逮捕状を求めることができないとき」にも当たるでしょうから，逮捕の「理由」を告げた上で逮捕をすれば，緊急逮捕としても適法となる余地があります。

ただし，「直ちに裁判官の逮捕状を求める手続」を取らなければなりません（以上，210条）。

答案構成

第1　現行犯逮捕の適法性

1　無令状逮捕であるから，現行犯逮捕・準現行犯逮捕の要件を満たさなければならない

2　現行犯逮捕の要件

あてはめ

↓

3　要件不充足

第2　準現行犯逮捕の適法性

1　準現行犯逮捕の要件

2　あてはめ

3　適法

第3　緊急逮捕の適法性

1　あてはめ

2　適法

3　逮捕の「理由」を告知し，「直ちに」逮捕状の発付を受ければ適法

解答例

第１　現行犯逮捕の適法性

←現行犯逮捕の適法性

1　甲は，逮捕状の発付を受けていないから，丙を逮捕するためには，現行犯逮捕の要件（212条１項２項）を満たさなければならない（213条）。

←論証

2⑴　現行犯逮捕の対象は「現に罪を行い，又は……行い終つた」者である（212条１項）。

かかる文言及び誤認逮捕のおそれが低いという現行犯逮捕の許容理由に鑑みれば，犯罪が行われたことを逮捕者が現認したかそれに準じる状況が必要である。

具体的には，①特定の犯罪が現に行われていること，又は行われた直後であること（犯罪の現行性あるいは時間的接着性），及び②被逮捕者がその犯人であることが逮捕者自身にとって明白であること（犯罪及び犯人の明白性）が要件となる。

⑵ア　本件においては，①犯行後約１時間で逮捕に及んでおり，一般に時間的接着性は認められるとはいい難い。

イ　②また，甲は犯行を現認していないし，丙は飲食店から出てきただけであり，犯行をうかがわせる証跡は認められない。したがって，現場の客観的状況から丙が傷害罪（刑法204条）を犯した直後であることの明白性を担保することはできない。

←念のため，②の要件も満たされないことを確認しました

3　よって，現行犯逮捕の要件は充足しない。

第２　準現行犯逮捕の適法性

←準現行犯逮捕の適法性

1　では，準現行犯逮捕（212条２項）はどうか。

←論証

準現行犯逮捕の対象は，①212条２項各号に当たり，②「罪を行い終つてから間がないと明らかに認められる」者（212条２項柱書）である。②に関しては，⒜罪を行い終わってから間もないと認められること（時間的接着性）に加え，⒝時間的接着性及び犯人が特定の犯罪を行ったことが逮捕者にとって明らかであること（時間的接着性の明白性，犯人と犯罪の明白性）が必要である。誤認逮捕のおそれが低いという許容理由は準現行犯逮捕についても同様に妥当するからである。

なお，上記要件は，何の情報も与えられていない一般人の立場から判断するのではなく，逮捕者がそれまでに得ていた情報に加え，１号ないし４号に該当する事実を含む現場の具体的状況から判断すべきである。

2⑴　まず，本件では，丙は乙が「あいつだ。」と大声を挙げたことを受けて逃走しようとしているから，通常人であるなら危険を感じて逃走したりしないような場合に逃げ出していると言え，①同条項４号の要件を満たす。

←あてはめ

⑵　次に，②罪を行い終わってから間がないと明らかに認められるか否かを検討する。

まず，犯行時刻から逮捕までが１時間程度と近接しており，⒜時間的接着性は認められる。

もっとも，本問では，丙の外見上，「犯行をうかがわせる」証跡が認められず，4号事由が認められるにすぎない。そうすると，(b)の要件は満たされないとも考えられる。

←違法方向に傾く事実についても評価します

しかし，本件では，犯人に直接殴られた被害者である乙自身が，被害を受けた時刻から近接した時間に，丙を犯人と指示しており，この供述は，極めて信用性が高い。

また，丙は現場から500メートルという近接した場所に現在しており，上記乙の供述と併せて考えれば，丙が傷害事件の犯人である嫌疑が強く認められる。

←場所的接着性は，準現行犯逮捕の要件としてではなく，明白性を担保するための要素として用いました

以上の事実からすれば，丙の外見上は本件犯行をうかがわせる証跡は認められなかったとしても，逮捕者甲にとって丙が傷害罪を犯してから間がないものと認められ，(b)の要件も充足する。

3　以上より，②罪を行い終わってから間がないと明らかに認められ，丙は212条2項の「現行犯人」といえるから，逮捕は適法である。

第3　緊急逮捕の適法性

←緊急逮捕の適法性

1　また，丙を緊急逮捕（210条1項）することも考えられる。

2　まず，丙への容疑は傷害罪であり，傷害罪は「長期3年以上の懲役…にあたる罪」である。

←要件認定

また，上記のとおり，丙が傷害罪の犯人である高度の嫌疑が認められるから，丙には「罪を犯したことを疑うに足りる充分な理由」がある。

さらに，丙は逃走の気配を示しており，直ちに逮捕しなければ身柄を確保することが困難であるから「急速を要し，裁判官の逮捕状を求めることができない」といえる。

3　したがって，甲は，逮捕の「理由」を告げた上で，丙を逮捕し，その後，「直ちに」逮捕状の発付を受ければ，適法に緊急逮捕することができる。

以　上

合格者の問題メモ

司法警察職員甲は，夜間パトロール中，乙から「今そこで暴力団員風の男に顔を殴られた。」と訴えられ，乙の顔面を見ると鼻血が出ていた。そこで，乙と一緒に付近を捜索していたところ，約１時間後に，現場から５００メートル離れた飲食店から丙が出てきた。乙が丙を指さし，「あいつだ。」と大声を挙げたため，丙は逃走の気配を示した。甲がその場で丙を逮捕する上での問題点を挙げ，これについて論ぜよ。 4号

（旧司法試験　昭和６２年度　第１問）

合格者の答案構成

1 現行犯逮捕 (212 I)

犯罪と犯人の明白性 } 両方なし
現行性

2 準現行犯逮捕 (212 II)

4号該当
時間・場所の接着性あり
もっとも明白性なし
↓
逮捕できない

3 緊急逮捕 (210条)

合格者の答案例

1 逮捕は令状に基づき行うのが原則であるが（令状主義、憲法33条、法199条1項）、本問で甲は、丙に対する逮捕状を有していない。そこで、以下、現行犯逮捕として無令状で丙を逮捕できないか（213条）検討する。

(1) 本問で、丙が現行犯人（212条1項）にあたるか。

ア 現行犯逮捕が無令状で行うことができる根拠は（憲法33条、法213条）、被逮捕者が犯人であることが明白であって、誤認逮捕のおそれが少ない点にある。したがって、現行犯人といえるには、①現行犯性（「現に罪を行い、又は」「行い終わった者」（212条1項）及び②犯罪と犯人が逮捕者にとって明白であることが必要である。

イ 本問では、丙は、被害者であるVから「あいつだ」と指をさされてはいるものの、丙と犯人とを結び付けるような状況は認められない。したがって、甲にとって丙が犯人であることが明白ではない（②が不充足）。

ウ したがって、丙は現行犯人にはあたらない。

(2) 次に、丙が準現行犯（212条2項）にあたらないか。

ア ある者が準現行犯人といえるためには①212条2項各号のいずれかに該当すること（212条2項）、②時間的・場所的接着性（「罪を行い終わってから間がない」）、③犯罪と犯人が逮捕者にとって明白であること（「明らかに認められるとき」）が必要である。

イ 本問では、丙は、Vから「あいつだ」と指をさされ、逃走しようとしているので、「誰何されて逃走しようとするとき」（212条2項4号）に該当する（①充足）。また、事件から約1時間、現場から500メートル離れた地点で逮捕しようとしているので、時間的・場所的接着性も認められる（②充足）。もっとも、丙やその他の外部的状況からは、丙と犯人を結び付けるような証拠はなく、丙が犯人であることが明白ではいえない（③不充足）。

ウ したがって、丙は準現行犯人にあたらない。

(3) よって、甲は、丙を現行犯逮捕することはできない。

2 では、緊急逮捕（210条）として、丙を逮捕することはできないか。

(1) 丙は、Vの顔面を殴り、~~傷害~~ 傷害を負わせていることから傷害罪（刑法204条）を犯しており、「長期3年以上の懲役にあたる罪を犯した」者にあたる。

(2) 丙に、「罪を犯したことを疑うに足りる充~~十~~分な理由」（嫌疑の充分性）が認められるか。

~~ア 緊急逮捕が事後的な逮捕状の請求を認め、令状主義の趣旨である事前の司法審査による人権侵害の可及的防止の例外的な手続を許容しているのは、嫌疑の充分性が認められることにより、誤認逮捕を相当程度回避できるからである。したがって、嫌疑の充分性が認められるためには、~~

この点、本問では、丙は、Vに指をさされ逃走しようとしているのみで、それ以上、犯人であると疑われるような状況はない。したがって、嫌疑の充分性は認められない。

(3) よって、甲は、丙を緊急逮捕することはできない。

以上

第4問

一　①A罪で逮捕した被疑者について，(1)B罪で勾留請求することはできるか。また，②(2)A罪のほかB罪をもつけ加えて勾留請求することはどうか。
二　仮に右の(2)が許されるとして，③A罪のみによる勾留の場合と比べてその後の手続にどのような違いとなって現れるか。

（旧司法試験　平成８年度第２問）

出題論点

・逮捕前置主義……A
・事件単位の原則……A
・付加してされた勾留請求の可否……A

問題処理のポイント

本問は，捜査法の分野から，事件単位の原則を扱う問題です。旧司法試験平成８年度第２問で出題された問題をそのまま用いています。

事件単位の原則をめぐる論点では，直接の条文の根拠が乏しく，解釈が中心となります。論証集などでそれぞれの解釈論をしっかりと身に着けておくことが前提となりますので，併せて確認しておいてください。

答案作成の過程

1 設問一について

1 小問(1)について

(1) 勾留の要件

本問では，①「勾留請求することはできるか」と問われているので，勾留の要件を検討することになります。もっとも，勾留の要件のうち，実体要件（勾留の理由，必要性）については問題文に記載がありませんので，検討する必要はないでしょう。また，勾留の手続要件のうち，勾留質問（207条１項，61条）についても，問題文に記載がないので，検討する必要はありません。

(2) 逮捕前置主義

そうすると，検討すべきは，勾留の手続要件のうち，逮捕前置主義が満たされているかどうかです。

ただ，刑事訴訟法上，直接的に逮捕前置主義を規定している条文はありませんので，同法が逮捕前置主義を採用していることを論じておかなければなりません。

逮捕前置主義の根拠について，条文上の手がかりとしては，207条１項を挙げるのが通常ですが，その実質的な根拠としては，二度の司法審査の要請であると解する立場と，比較的短期の身柄拘束である逮捕を前置させることで不必要な身柄拘束を回避することにあると解する立場があります。答案上はいずれの立場でも結構ですが，近時は後者の立場の方が有力化していますので，その立場で論じる方がよいかもしれません（もっとも，短く論じなければならない場合は，前者の立場によった方がよいでしょう）。

(3)　事件単位の原則

次に，逮捕前置主義の前置を何を基準として考えるのか，論じる必要があります。

この点については，人を単位とする見解（人単位説）と，事件を単位とする見解（事件単位説）がありますが，後者が通説ですので，後者の立場で論じましょう。なお，後者の立場によった場合，事件をどのような基準で判断するのかという点も併せて問題となります。一般的には，「事件」とは罪名が異なってもかまわないものの，基本的な事実が共通であることを要すると解されています（さらに，「基本的な事実が共通であること」をどのように判断するのかという点で見解の対立があります。この点については，二重の司法的抑制が及んでいると評価できる限度での事実の共通性が認められる範囲をいうとする見解と，公訴事実の同一性（312条１項）をもって判断するという見解があります。解答例では，前者の立場によって論じています。）。

本問では，Ａ罪とＢ罪に事実の共通性が認められるか否かが，問題文に明示されていませんので，簡単に場合分けをして論じた方が丁寧でしょう。

2　小問(2)について

本小問は，付加してされた勾留請求の可否について問うものです。

②Ａ罪のほかＢ罪をもつけ加えて勾留請求するとなると，Ａ罪とＢ罪に事実の共通性がない限り，事件単位の原則に反することになります。

もっとも，そのように考えてしまうと，身柄拘束が不必要に長期化してしまうとして，例外を認める立場が一般的です。

答案でもこの立場によればよいでしょう。

2　設問二について

1　Ａ罪の勾留の要件が消滅した場合に身柄拘束を継続できるか

設問二はやや出題意図のつかみにくい問題です。

ただ，Ａ罪だけでなく，Ｂ罪でも勾留がなされていることから，③Ａ罪だけで勾留されている場合との違いを問うとのことであれば，Ａ罪の勾留の要件が消滅した場合に身柄拘束を継続できるかという問題を聞いていることは間違いないといえるでしょう。

この点については，あくまでA罪に勾留の要件が備わっていることが前提となるのだから，A罪の勾留の要件が消滅した場合には，B罪に勾留の要件が備わっていたとしても，身柄拘束を継続することはできない（勾留を取り消すべき）と解する立場がある一方で，B罪について適法に身柄拘束を開始した以上は，B罪に勾留の要件が備わっている限り，身柄拘束を継続することができると解する立場もあります。

いずれの見解で論じてもかまいません。

2　公訴提起に至った場合

そして，「その後の手続」という表現からすると，公訴提起の段階まで問題にしているのかもしれません。ただ，A罪B罪両方で起訴されたのか，A罪又はB罪のみで起訴されたのか，もちろんこの辺りは問題文から明らかではありませんが，A罪だけで勾留されている場合との違いという観点でいえば，やはりB罪のみで起訴された場合を想定すべきなのでしょう。

この場合，勾留の効力が継続するのかという問題が生じます。

一般に，勾留中の被疑者に公訴が提起された場合は，公訴事実と勾留の基礎となった犯罪事実が同一であるときは，公訴提起前の勾留の効力は，公訴提起後もそのまま引き続いて効力を有し，特段の手続を要することなく被告人の勾留に切り替わるものとされています。

そして，公訴提起後の勾留には逮捕前置主義の適用がない以上，これは逮捕が前置されていないB罪についても同様であると解されています。

したがって，B罪のみで起訴された場合でも，B罪の公訴提起前の勾留の効力は公訴提起後も引き続いて効力を有し，特段の手続を要することなく被告人の勾留に切り替わるということになります。

3　再逮捕・再勾留の可否

さらに，「その後の手続」ということであれば，改めてB罪で逮捕・勾留することができるのか（再逮捕・再勾留の問題）についてまで言及することが求められているのかもしれませんが，あまりに元の問題から離れすぎるきらいがあるので，論じる必要はないようにも思われます。

論じるか否かは任意でしょう。

■ 答案構成

第１　設問一について

　１　小問(1)について

　　逮捕前置主義

　　前置の有無の判断基準

　　事件単位説

　　「事件」の意義

　２　小問(2)について

　　付加してなした勾留請求の可否

　　修正肯定説

第２　設問二について

　１　Ａ罪で勾留の要件が消滅した場合

　　身柄拘束を継続することができる

　２　Ｂ罪のみで起訴された場合

　　Ａ罪のみで勾留されている場合と差異を生じない

　３　再逮捕・再勾留の問題

解答例

第1　設問一について

1　小問(1)について

(1)　本小問では，B罪での逮捕がないままB罪で勾留請求が行われている。これは逮捕前置主義に反しないか。

(2)　同原則につき，法は直接の明文規定を置いていない。しかし，捜査の初期段階における身柄拘束の必要性が浮動的であることに鑑み，比較的短期の身柄拘束である逮捕を勾留に先行させ，再び裁判官の判断を経て勾留させることを可能とし，もって，不必要な身柄拘束を回避すべきである。

また，207条1項が「前3条の規定による勾留の請求」と定めており，204条から207条が被疑者が逮捕されている場合の規定であることからすれば，法は同原則を採用しているものと解するのが素直でもある。

(3)ア　そうすると，B罪での逮捕が前置されていない以上，本小問の勾留請求は違法であって，却下されるべきであるということになる。

もっとも，B罪での逮捕は前置されていないものの，A罪での逮捕は前置されている。

仮に，逮捕の前置の有無を人を基準に判断すべきであると解すれば，この点を捉えて，逮捕が前置されていると解することもできそうである。特に，A罪で逮捕中の被疑者について，B罪でも改めて逮捕手続から始めることを要求するのは，無用な負担を課すものである上，B罪で直ちに勾留した方が，逮捕の留置期間だけ身柄拘束の期間が短縮されて被疑者の利益になるとすれば，上記の逮捕前置主義の趣旨に合致しよう。

イ　しかし，上記逮捕前置主義の趣旨に鑑み，逮捕を前置すれば，逮捕後に犯罪の嫌疑や身柄拘束の必要性が消滅し早期に釈放される可能性があるのだから，被疑者にとり必ずしも不利益にならない。逆に，直ちにB罪で勾留できるとすると，早期の釈放という途を閉ざす結果となりかねず，実質的にみて被疑者の利益にはならない。

そもそも，かかる見解は，逮捕・勾留に関する規定につき，「犯罪事実」「被疑事実」「公訴事実」等の文言を用いている（199条，200条，210条，60条，61条，64条等）法の構造と整合しない。

したがって，逮捕が前置されているか否かは，人ではなく，事件を基準として判断すべきである。

(4)　そして，事件とは，二重の司法的抑制が及んでいると評価できる限度での事実の共通性が認められる範囲をいうと解する。

以上より，A罪とB罪にかかる事実の共通性が認められない限り，勾留請求は違法である。

2　小問(2)について

論証
逮捕前置主義
不必要な身柄拘束を回避することを逮捕前置主義の根拠とする立場に従って論述しました

逮捕・勾留の効力が及ぶ範囲

論証
ここがメイン論点の1つなので，反対説である人単位説を紹介して批判しましたが，多論点型の問題では不要です

「事件」の意義
公訴事実の同一性をもって判断するという立場に立っても結構です

(1)　小問(1)で論じたとおり，Ｂ罪での逮捕が前置されていない以上，Ａ罪とＢ罪に事実の共通性が認められない限り，勾留請求は，逮捕前置主義に反し，違法であるのが原則である。

←付加してなした勾留請求の可否

(2)ア　しかし，被疑者は，Ａ罪について勾留の理由（60条）・必要性（87条）が認められる限り，身柄拘束を受けることは避け難い。Ｂ罪について逮捕を先行させ，それから勾留請求に及ぶべきであるとすると，かえって長期の身柄拘束を強いられることになる。また，Ｂ罪の逮捕による短期の身柄拘束期間内に，Ｂ罪での嫌疑が消滅した場合であっても，Ａ罪について身柄拘束を受けているから早期に釈放される可能性もない。

←論証

したがって，この場合は，逮捕前置主義を一部修正し，これを許容すべきであると解する。すなわち，勾留事実の一部であるＡ罪での逮捕が前置されていることをもって，逮捕前置主義の要請は満たされていると解する。

イ　ただし，その際には，Ａ罪についての勾留の理由及び必要性が認められ，かつ，Ｂ罪についての勾留の理由及び必要性が認められなければならない。

第２　設問二について

1　まず，Ｂ罪を付加して勾留していることによって，Ａ罪について勾留の要件が消滅したが，Ｂ罪の勾留の要件は満たされているという場合に差異が生じる。

←Ａ罪で勾留の要件が消滅した場合

Ｂ罪について適法に身柄拘束を開始した以上は，Ｂ罪に勾留の要件が備わっている限り，身柄拘束を継続することができるからである。

この場合，Ａ罪のみで勾留されている場合と異なる。

2　次に，Ｂ罪のみで起訴された場合はどうか。

←Ｂ罪のみで起訴された場合

仮に，Ａ罪のみで勾留され，Ａ罪で起訴された場合，被疑者勾留の効力は公訴提起後も引き続いて効力を有し，特段の手続を要することなく被告人の勾留（60条）に切り替わる。

そして，この理は両罪で勾留され，Ｂ罪のみで起訴された場合にも当てはまる。Ｂ罪については逮捕が前置されていないものの，被告人勾留には逮捕前置主義が適用されない以上，別段の考慮をする必要がないからである。

したがって，Ａ罪のみで勾留されている場合と差異を生じない。

3　なお，一旦，被疑者が釈放された後，改めてＢ罪で逮捕・勾留する場合には，再逮捕・再勾留の問題が生じることになる。厳密にはＢ罪での逮捕は行われていないが，被疑者に有利であることを理由に逮捕前置主義の例外を認めたのだから，再逮捕の問題が生じ得るかという観点からは，Ｂ罪での逮捕が前置されている場合と同様に解すべきだろう。

←再逮捕・再勾留の問題
やや蛇足的ですが，一応言及しておきました

その意味で，Ａ罪のみで勾留されている場合と差異を生じることになる。　　　以　上

合格者の問題メモ

一　A罪で逮捕した被疑者について，(1)B罪で勾留請求することはできるか。また，(2)A罪のほかB罪をもつけ加えて勾留請求することはどうか。

二　仮に右の(2)が許されるとして，A罪のみによる勾留の場合と比べてその後の手続にどのような違いとなって現れるか。

（旧司法試験　平成８年度　第２問）

合格者の答案構成

1(1) 逮捕前置(207)を満たすといえるか。

趣旨は 短期の身体拘束を前置すること

(二度の司法審査)

→勾留と同一の事件について逮捕が

前置されていなければ無意味

被疑事実の同一性が認められる必要あり

(2) B罪がA罪と被事実の同一性がないとき

→逮捕前置できないとも思える。

もっとも、時間的に有利 → 認められる

2 B罪に関しても 被疑者としての地位を有する。

弁護人や取調べ、接見指定

A罪の勾留が取り消された場合の処理

合格者の答案例

第1　設問一について

1　A罪で逮捕した被疑者をB罪で勾留請求することは、勾留の手続的要件である逮捕前置主義（207条）との関係で問題となる。

　ここで、逮捕前置主義については、直接の明文の規定はないが、法207条1項は、「前3条の規定による勾留の請求」と規定し、逮捕が勾留請求に先立ってされていることを前提としている。このとき、前置される逮捕の罪名と異なる罪名で勾留を請求してもよいか。

(1)　逮捕前置主義の趣旨は、被疑者の身体を拘束するに際して、まずは、比較的短期の身体拘束である逮捕を先行させることにより、勾留が必要か否かを慎重に判断し、もって、不必要に長期の身柄拘束を防止する点にある。そして、勾留や逮捕は事件を単位として行われる（61条，208条，200条，203条）。そうだとすれば、勾留に先行する逮捕は勾留請求された事件と同一でなければ、前述の趣旨が没却される。したがって、逮捕と勾留の基礎となった被疑事実に同一性が認められる場合は逮捕前置主義に反しないと解する。

(2)　被疑事実の同一性については、公訴事実の同一性（312条1項）と同様であると解する。逮捕・勾留も最終的には刑罰権の実現のために行うのであり、公判において刑罰権が及びうる範囲と逮捕・勾留の基礎となる事実の範囲は同一の基準で判断すべきだからである。

(3)　本問では、A罪で逮捕され、B罪で勾留請求されているが、A罪とB罪との間に被疑事実の同一性が認められれば逮捕前置主義に反せず、B罪での勾留請求は可能である。

　一方、認められない場合は、B罪で逮捕した後に勾留請求を行う必要がある。

2　A罪で逮捕された被疑者についてA罪とともにB罪についても勾留請求をすることはできるか。

(1)　A罪とB罪との間に被疑事実の同一性がない場合は、逮捕前置主義からB罪については勾留請求が認められないこととなる。もっとも、逮捕前置主義の趣旨は、不必要な身体拘束を防止する点にある。そして、A罪につき適法に勾留できるのであれば、B罪について改めて逮捕・勾留されるよりも、B罪も付加してA罪とともに勾留された方が、被疑者にとって身体拘束期間の点で有利である。そこで、逮捕されている事実について適法に勾留できる場合は、逮捕されていない被疑事実についても付加して勾留できるものと解する。

　したがって、A罪に付加してB罪についても勾留請求をすることができる。

(2)　A罪とB罪との間に被疑事実の同一性がある場合は、B罪について勾留請求をしても逮捕前置主義に反せず許される。

第2　設問二について

1(1)　B罪についても勾留がされた場合は、被疑者としては、B罪についても国選弁護人の選任請求をし得る(37条の2第2項)。

(2)　一方、捜査機関側は、B罪についても接見指定(39条3項)をし得ることとなる。また、A罪についてのみ勾留をした場合は、B罪に関する取調べは余罪取調べとして問題と成り得るが、B罪についても勾留をしていれば、問題なく行うことができる。

2　B罪も付加して勾留をした場合には、A罪につき勾留が取り消された場合(87条等)に、B罪の勾留をどうすべきかという問題も生じる。

この点については、B罪について勾留の理由・必要性が認められる以上、維持すべきとも思える。もっとも、B罪の勾留が逮捕前置主義の例外として認められたのは、A罪についての勾留がなされていたからである。そうすると、A罪について勾留が取り消された場合は、B罪の勾留を逮捕前置主義の例外として認める理由も消滅する。

したがって、A罪の勾留が取り消された場合は、B罪の勾留も取り消されるものと解する。

以上

第5問

甲は，①複数の賭博行為により逮捕·勾留され，常習賭博罪で起訴されたが，②公判係属中に保釈された。

甲について，③右と常習一罪の関係に立つ別の賭博行為が後に判明したとき，甲を改めて逮捕・勾留できるか。

（旧司法試験　平成２年度第１問）

■出題論点

・一罪一逮捕一勾留の原則……………………………………………A

■問題処理のポイント

本問は，一罪一逮捕一勾留の原則の理解を問う問題です。旧司法試験平成２年度第１問で出題された問題をそのまま用いています。

同原則は，理論的に難解な部分を含み，理解が難しく，答案表現にも悩む部分があります。本問は実質的には一行問題で，複雑な事案処理が要求されるわけではありませんが，本問を素材として理解と答案表現を確認しておいてください。

■答案作成の過程

1　逮捕・勾留一回性の原則

同一事件（被疑事実）についての逮捕・勾留は，原則として１回しか行うことができないという原則を，逮捕・勾留一回性の原則といいます。同原則は，同じ事実については時間が経過しても１回しか逮捕・勾留できないという原則（再逮捕・再勾留禁止の原則）と，同じ事実について同時に２個の逮捕・勾留をすることができないとの原則（重複逮捕・重複勾留禁止の原則，分割逮捕・勾留禁止の原則）の２つの意味をもつと解されています。

そして，分割禁止の原則（重複禁止の原則）のことを指して，一罪一逮捕一勾留の原則と呼ぶのが一般的です。本問では，この原則の適用が問われています。

学説によっては概念の整理の仕方が異なるものもありますが，以下ではひとまずこの用語法に従って，検討を進めることにします。

2　一罪一逮捕一勾留の原則～「一罪」の範囲～

これについては，実体法上の一罪を意味すると解する立場（実体法上一罪説）が通説です。もっとも，その論拠については，実体法上の一罪には一個の刑罰権が発生するのであるから，訴訟法上も一個のものとして扱うべきであるとする立場（A説）と，基準の明確性や不当な身柄拘束の防止にあるとする立場（B説）がありますので，いずれの立場に立つのか，固めておいてください。

答案例では，後者の立場に立って論じています。

3 一罪一逮捕一勾留の原則の例外

1 例外が認められる場合

実体法上一罪説に立つとしても，以下の場合のいずれか（又は双方）に例外を認めるのが一般的です。

問題文に即して説明すると，(a)①逮捕・勾留の基礎となった常習賭博罪と常習一罪の関係に立つ別の賭博行為が逮捕前に犯されていたが，捜査機関に発覚していなかった場合，(b)その別の賭博行為が，②保釈中に犯された場合です。

2 (b)の場合

まず，少なくとも(b)の場合に，例外を認めることには学説の一致があります。実体法上一罪説の論拠に関するいずれの立場も，捜査機関に同時処理の可能性があることを前提としていますが，(b)の場合には，捜査機関に同時処理の可能性がありません。同時処理の可能性がなければ捜査機関に不可能を強いることになり，妥当とは言い難いからです。

なお，A説は，実体法上の一罪については，刑罰権の一個性ゆえに捜査機関は一個の身柄拘束の中で一罪の全部について「同時処理義務」を負う。「同時処理義務」は「同時処理の可能性」を前提とするところ，(b)の場合は「同時処理の可能性」がないケースである，と説明します。

これに対して，B説は，同時処理の可能性は同時処理義務の前提をなすのではなく，それ自体として身柄拘束の不当な蒸し返しに関する判断基準となるので，同時処理の可能性がおよそ考えられないのであれば，不当な蒸し返しには当たらない，と説明します。

これに関しても，A説B説いずれの立場に立つのかによって，説明の仕方が変わる（当然答案表現が変わる）ことになるので，しっかりと自分の立場を固めておきましょう。解答例は，B説の立場に立って論じています。

3 (a)の場合

一方で，(a)の場合については争いがあります。

この場合に例外を認めないとする見解は，理論的には「同時処理の可能性」について，観念的・潜在的なもので足りる（(b)のように「同時処理の可能性」がおよそあり得ないという場合以外は，同時処理の可能性をいわば「擬制」する）としつつ，その背後で捜査機関側の捜査能力の欠如を被疑者・被告人に転嫁すべきではないという価値判断を行うものです。

これに対して，この場合に例外を認めるべきであるとする見解は，多数の事実が一度に発覚したような場合や常習一罪のように証拠に共通性が乏しく捜査機関に同時処理を要求することが妥当でない場合もあり，また，捜査段階では事態の流動性は避け難いという側面があることを重視します。そして，理論的には，B説を前提として，再逮捕・再勾留禁止の原則については多くの見解が例外を認めることとの均衡（例えば，甲が犯した別の賭博行為が，保釈中ではなく，勾留失効後であった場合には，再逮捕・再勾留禁止の原則の問題となりますが，この場合は例外的に新たな身柄拘束を認める立場が一般的です）から，不当な身柄拘束にならない限りは，例外を認めてもかまわないと説明します。

解答例では，(a)の場合にも例外を認める後者の立場に従って論述しています。

4　本問へのあてはめ

問題文では，(a)(b)のいずれに当たるのか不明ですので，答案では，場合を分けて検討しましょう。

■答案構成

1　逮捕・勾留一回性の原則

2　一罪一逮捕一勾留の原則

3　一罪の範囲

実体法上一罪説

4　一罪一逮捕一勾留の原則の例外

逮捕・勾留の後に別の賭博行為が行われていた場合

例外認める

逮捕・勾留の前に別の賭博行為が行われていた場合

不当な身柄拘束にならない限度で，例外認める

解答例

論証

1　同一事件（被疑事実）についての逮捕・勾留は，原則として１回しか行うことができない（逮捕・勾留一回性の原則）。逮捕・勾留には，訴訟行為一回性の原則が及ぶべきであるし，厳格な身柄拘束期間（203条から208条）の潜脱を防ぐためである。

←逮捕・勾留一回性の原則

そして，同原則から，同一事件（被疑事実）については，２回の逮捕・勾留をすることができないとの原則が導かれる（一罪一逮捕一勾留の原則）。

←一罪一逮捕一勾留の原則

2　本件では，常習賭博罪の一部を構成する複数の賭博行為によって逮捕・勾留されているから，これと常習一罪の関係に立つ別の賭博行為（以下「本件賭博行為」という。）について，改めて逮捕勾留することができないとも思われる。

そこで，一罪一逮捕一勾留の原則における「一罪」の範囲についていかに解すべきか，問題となる。

3　この点について，実体法上の一罪については，一個の刑罰権が発生するのであるから訴訟法上も一個のものとして扱うべきであることを根拠として，「一罪」とは実体法上の一罪を指すという立場がある。

←論証

もっとも，被疑者・被告人による逃亡及び罪証隠滅の防止を目的とし，手続の結果たる判決に直接つながるわけではない逮捕・勾留については，必ずしも刑罰権の一個性は理由にならないと解すべきである。

しかしながら，「一罪」とは，個々の犯罪事実であると解することもできない。

←本問は，実質的に論点が一つしかないので，反対説まで紹介しました
複雑な事例問題では，反対説の紹介は不要です

実体法上の罪数を離れると被疑事実の個数の判断基準が不明確になり，実体法上の一罪についても単位事実が異なれば併合罪と同様に原則的に分割した身柄拘束を認めることになり，不当な身柄拘束の蒸し返しとなるおそれがあるからである。

結局，「一罪」とは実体法上一罪を指すと解しつつも，その論拠は，基準の明確性と捜査機関による不当な身柄拘束の蒸し返しの防止に求めるべきである。

←実体法上一罪説のうち，Ｂ説からの論述

4(1)　そうすると，上記のように本件賭博行為も逮捕・勾留の基礎となった賭博行為と実体法上一罪を構成する以上，一罪一逮捕一勾留の原則によって，別途逮捕・勾留することができないのが原則である。

(2)　しかし，仮に本件賭博行為が，逮捕・勾留の後（保釈中に）行われていたとすると，およそ同時処理の可能性がなく，逮捕・勾留の基礎とすることが観念できない以上，そのような結論は捜査機関に不可能を強いることが明らかである。

←論証
一罪一逮捕一勾留の原則の例外（逮捕・勾留の後に別の賭博行為が行われていた場合）

そもそも，上記のように「一罪」の範囲を実体法上の一罪と解すべき実質的な根拠は，上記のように捜査機関による不当な身柄拘束の蒸し返しに求められる。

そうだとすれば，当初の身柄拘束の時点でおよそ同時処理の可能性が認められないのだとすれば，不当な身柄拘束の蒸し返しが起こり得る危険性はなく，上記原則の例外を認めるべきである。

したがって，この場合は，一罪一逮捕一勾留の原則の例外として，本件賭博行為による逮捕・勾留を認めるべきである。

(3) では，本件賭博行為が，逮捕・勾留の前に行われていた場合はどうか。

一罪一逮捕一勾留の原則の例外（逮捕・勾留の前に行われていた場合）

論証

当然ながら，本件賭博行為が捜査機関に発覚していたのであれば，捜査機関としては同時処理が可能であった以上，同時処理の義務を負い，改めて逮捕・勾留をすることは不当な身柄拘束の蒸し返しとして一罪一逮捕一勾留の原則に反する。

もっとも，本件賭博行為が捜査機関に発覚していない場合もあり得る。

このような場合にも，捜査機関側の捜査能力の欠如を被疑者・被告人に転嫁すべきではないとして，同時処理の可能性を擬制する見解もあるが，あまりに捜査段階の事態の流動性を無視するものであり，採用し難い。

上記のように，一罪を実体法上一罪と解する場合の実質的な根拠は捜査機関による不当な身柄拘束の蒸し返しの防止にあるのだから，そのような場合に当たらなければ，例外を認めるべきである。

確かに，基準の明確性が失われるきらいがあるものの，そのように解さなければ，逮捕・勾留の基礎となった犯罪事実と実体法上一罪を構成する犯罪事実（本件賭博行為）が勾留失効後に発覚した場合に，再逮捕・再勾留禁止の原則の例外が認められる（199条３項参照）こととの均衡が図れない。

したがって，ここでも不当な身柄拘束の蒸し返しに当たらない限りで，新たな逮捕・勾留を認めるべきである。

以上から，本件賭博行為についても，不当な身柄拘束の蒸し返しに当たらないのであれば，改めて逮捕・勾留することが可能である。

以　上

● 合格者の問題メモ

甲は，複数の賭博行為により逮捕・勾留され，常習賭博罪で起訴されたが，公判係属中に保釈された。

甲について，右と常習一罪の関係に立つ別の賭博行為が後に判明したとき，甲を改めて逮捕・勾留できるか。

（旧司法試験　平成２年度　第１問）

● 合格者の答案構成

保釈→勾留は継続している

→一罪一逮捕・一勾留の原則が問題となりうる.

「一罪」とは何を基準とするか

常習一罪は一罪にあたるか 例外はないか

合格者の答案例

1　甲を、先に逮捕・勾留されている常習賭博罪と常習一罪の関係にある賭博行為で逮捕・勾留しようとする場合は、一罪一逮捕・一勾留の原則に反しないかが問題となる。なお、甲は保釈されているが、勾留自体は取り消されていないので、再逮捕・再勾留ではなく、一罪・一逮捕・一勾留との関係が問題となる。

　この一罪・一逮捕・一勾留の原則は、直接の明文の規定はないが、訴訟行為の一回性の原則や、法が厳格な身体拘束期間を定めていることから（203条ないし205条等）、かかる原則は認められていると解する。

2　本問で、甲は、逮捕されていた被疑事実とは異なる被疑事実で逮捕されようとしているが、一罪・一逮捕・一勾留の原則の一罪とはいかなる基準で判断すべきか。

(1)　この点、捜査も刑罰権の実現を目的として行われるものであり、国家の刑罰権は実体法上一罪ごとに1個発生する。そうだとすれば、訴訟法上も実体法を基準に判断すべきである。そこで、一罪にあたるかは実体法を基準に判断し、一罪とは、実体法上一罪をさすと解する。

(2)　そうすると、本問では、甲は、実体法上一罪の関係にある賭博行為によって逮捕・勾留されている以上、これと常習一罪の関係にある賭博行為では逮捕・勾留できないことになる。

3　もっとも、かかる結論は不当なこともある。

(1)　そもそも、一罪一逮捕一勾留の原則の根拠は、一罪に関しては、一回の逮捕・勾留で一罪の全部につき検察官が同時処理の義務を負う点にある。そして、このような同時処理義務を検察官に課すことができるのは、同時処理が可能な場合である。そうだとすれば、同時処理が不可能な場合は、一罪・一逮捕・一勾留の原則の根拠が欠けることになる。したがって、このような場合は、例外的に一罪にあたる事実であっても、逮捕・勾留できるものと解する。

　ただし、例外を容易に認めると、一罪・一逮捕・一勾留の原則が骨抜きになるので、例外は厳格に解し、公訴提起前に行われた行為については、同時処理が可能であったとみなすべきである。

(2)　本問では、甲の賭博行為が保釈後に行われたのであれば、甲をかかる行為を被疑事実として逮捕・勾留することができる。一方、公訴提起前に行われ、たまたま後に発覚したのであれば、一罪一逮捕・一勾留の原則から、甲を逮捕することはできない。

以上

第6問

警察官は，①甲に対する覚せい剤所持被疑事件に関し，②「甲が宿泊中のホテルの客室」を捜索場所，③「覚せい剤」等を差し押さえるべき物とする捜索差押許可状の発付を受け，同客室に赴いた。④証拠が隠滅されることをおそれた警察官は，ホテルの支配人に協力を求めてマスターキーを借り受け，来意を告げることなく，マスターキーでドアを開錠し，同客室内に立ち入った。すると，⑤在室していた甲が，ビニール袋に入った覚せい剤を持ってトイレに駆け込もうとしたので，⑥警察官は，甲を制止して持っていた覚せい剤を取り上げ，その後，甲に捜索差押許可状を示した上，同覚せい剤を差し押さえ，引き続き同客室内の捜索を実施した。

同客室内には⑦甲の知人らしき乙が居合わせており，⑧同人がボストンバッグを携帯していたことから，警察官は乙に同バッグの任意提出を求めた。しかし，⑨乙がこれを拒否し同バッグを抱え込むような態度をとったため，⑩警察官は，乙の抵抗を排除して同バッグを取り上げ，その中を捜索したところ，ビニール袋に入った覚せい剤を発見したので，これを差し押さえた。

以上の警察官の行為は適法か。

（旧司法試験　平成20年度第１問）

出題論点

・令状執行と「必要な処分」（222条１項本文，111条）……………………………A
・令状の事後呈示の可否……………………………………………………………A
・場所に対する令状による捜索の範囲～物に対する捜索…………………………A

問題処理のポイント

本問は，令状に基づく捜索差押えをめぐる諸問題の理解を問う総合問題です。旧司法試験平成20年度第１問で出題された問題をそのまま用いています。

令状に基づく捜索差押えでは，令状に記載されている①捜索対象，②差押え対象，令状発付の基礎となった③被疑事実の３点を確認するのがポイントです。問題文記載の事実がこれらとズレている時に問題が生じるからです。

また，「捜索」と「差押え」を区別することも重要です。「捜索」とは一定の場所，物又は人の身体について，物又は人の発見を目的として行われる強制処分（要するに，何かを探す行為）をいい，「差押え」は物の占有を強制的に取得する行為をいうので，問題においていずれが（中心的に）問題となっているのか，しっかりと見極めてください（なお，「捜索」の対象は，被疑者などの人であることもあります（220条１項１号参照））。

■ 答案作成の過程

1 客室への立入りについて

1　「必要な処分」（222条１項，111条１項前段）の意義

事例前半部分は，最決平14.10.4【百選Ａ６】（以下「平成14年決定」といいます）を素材としていると思われます。④マスターキーを用いての客室への立入りについては，「必要な処分」（222条１項，111条１項前段）として許されるか否かを論じることになるでしょう。

まずは，「必要な処分」の一般論について，論じておきましょう。「必要な処分」の内容として列挙されている「錠をはずし，封を開」く行為は，例示列挙であるとされており，捜索差押えの執行の目的を達成するため必要であり，かつ社会的にも相当と認められるものであれば，「必要な処分」として許容されます。平成14年決定の調査官解説は，「必要な処分」として許容されるかは，被疑事実の内容，差押対象物件の重要性，差押対象物件にかかる破棄隠匿のおそれ，被捜索者が受ける不利益の内容，生じる財産的損害の内容，被捜索者の協力体勢など諸般の事情を総合的に考慮して決すべきであると指摘しています。

ただし，本問には他にも論ずべき論点がたくさんありますので，具体的な考慮要素に関する論述は割愛してしまってもやむを得ません。

2　本問へのあてはめ

本問の素材となっていると思われる平成14年決定の事案は，警察官がかねてから覚せい剤所持罪の疑いで所在を捜査していた被疑者につき，ホテルに宿泊しているとの通報を受けたため，同ホテル客室に対する捜索差押許可状の発付を受け，その執行に赴いたが，同警察官は，その執行に当たり，被疑者に来意を告げることなく，ホテル支配人から借り受けたマスターキーを用いて同客室のドアを開けて入室したというものです。

平成14年決定は，「（警察官は）捜索差押許可状執行の動きを察知されれば，覚せい剤事犯の前科もある被疑者において，直ちに覚せい剤を洗面所に流すなど短時間のうちに差押対象物件を破棄隠匿するおそれがあった」とし，マスターキーを用いた客室への立入りについては，「捜索差押えの実効性を確保するために必要であり，社会通念上相当な態様で行われていると認められるから，刑訴法222条１項，111条１項に基づく処分として許容される。」と判示しています。

この判断については，(a)被疑事実が，その性質上破棄隠匿されやすい物（覚せい剤）の所持に関するものであること，(b)被疑者の前科に覚せい剤事犯もあること，(c)ホテル客室という捜索場所の性質からして，被疑者以外の者のプライバシ

一の侵害が想定されていないこと等の事情が考慮されたものと解されています。

本問では，概ね，①の事実が(a)に，②の事実が(c)に相当しますので，(b)が本問に妥当するかどうかは不明ですが，結論的には，平成14年決定と同様適法と解することができるでしょう。なお，④マスターキーでの開錠は，錠を破壊するなどの行為と比較しても（111条1項参照），行為態様としては穏当なものであると指摘してもよいでしょう。

2 令状の事後呈示について

1 令状の事後呈示の可否

本問では，⑥甲を制止して持っていた覚せい剤を取り上げた後に，捜索差押許可状を示していますので，令状の呈示時期も問題となります。

222条1項が準用する110条が令状の呈示について定めているものの，呈示時期については特段の定めがありません。この点について，平成14年決定は「捜索差押許可状の呈示は，手続の公正を担保するとともに，処分を受ける者の人権に配慮する趣旨に出たものであるから，令状の執行に着手する前の呈示を原則とすべきである」としており，事前呈示の原則を確認しています。

もっとも，事前呈示の原則は一切の例外を許容しない趣旨ではなく，平成14年決定の調査官解説は，平成14年決定のような事実関係の下では，「『来意を告げることなく合鍵でドアを開けること』と『令状を事前に呈示することなく入室すること』とは，表裏一体の関係にあり，令状の呈示が入室後になされることについても，その合理性を肯定することができる」と指摘しています。

2 本問へのあてはめ

本問では，①問題となる被疑事実は上記のように覚せい剤事犯であり，証拠隠滅が容易であるため，令状呈示の間に証拠隠滅行為が行われる危険性が高いこと，⑤現に，本件でも甲が，ビニール袋に入った覚せい剤を持ってトイレに駆け込もうとしていることから，時間的な間隔は不明ですが，⑥警察官が，かかる甲を制止して持っていた覚せい剤を取り上げた後に，令状を呈示しているのもやむを得ないといえるでしょう。

3 ボストンバッグの捜索，ビニール袋内の覚せい剤の差押えについて

1 場所に対する令状による捜索の範囲～物に対する捜索

本問では，②「甲が宿泊中のホテルの客室」という「場所」を捜索対象とする令状が発付されているところ，⑧乙の携帯するボストンバッグという所持品（携帯品）を捜索しているので，「場所」に対する令状でその場所にいる人の所持品（携帯品）を捜索することができるかという点を論じる必要があります。

この点に関しては，219条1項や，102条1項及び2項が，捜索対象として「場所」「身体」「物」を区別していることから，原則として「場所」に対する令状で

「物」を捜索することはできないものの，同一管理権下にある限り，捜索対象としての「場所」に対するプライバシー等の利益が「物」に対するそれを包摂する関係にあるのが通常で，令状裁判官もそれを前提として「場所」に対する令状を発付しているものと考えられることから，「場所」に対する令状で，その「場所」に存在する「物」を捜索することは許されると解されています（最決平6.9.8【百選19】参照）。

したがって，捜索対象となる「場所」と当該「物」が，同一管理権の下にあるかどうかがキーワードになります。

2 本問へのあてはめ

本問は，非常に微妙なケースで，⑦乙は甲が宿泊中のホテル客室に居合わせていますが，乙が同宿しているのか否かが不明ですし，乙がボストンバッグの任意提出をどのような理由で拒んでいるのかも不明です。

したがって，直ちにボストンバッグには甲の管理権が及んでいると推認することは難しいようにも思われます。

しかし，本件で問題となっている②「場所」が居宅ではなくホテルの客室であるところ，ホテルの客室に宿泊者以外の他人がいることは不自然であること，⑧普通のバッグに比してボストンバッグは大きく持ち運びも容易ではないので，ホテルの宿泊者以外の者が外部から持ち込むことは通常想定し難いこと，乙は甲が所持する覚せい剤が差し押さえられている状況のもと，⑨任意提出の求めに対し単に任意提出を拒否するだけでなく，同バッグを抱え込むという極めて不自然な態度をとっていること等の事情からすれば，やはり同バッグには甲の管理権が及んでいると推認するのが自然でしょう。

このように考えれば，同バッグには捜索差押許可状の効力が及んでおり，同バッグの捜索及びビニール袋に入った覚せい剤の差押えは適法だという結論になります。

なお，⑩警察官が乙の抵抗を排除したことは，令状の効力あるいは「必要な処分」として当然に許容されます。

4 覚せい剤の差押えについて

甲から取り上げた覚せい剤，乙から取り上げた覚せい剤は，いずれも③令状記載物件であり，また①被疑事実である甲に対する覚せい剤所持被疑事件との関連性も明らかであることから，差押えについて問題となる点は特にありません。

5 出題趣旨

最後に，法務省発表の出題趣旨を掲載しておきます。

「本問は，場所に対する捜索差押令状を執行する場面を題材として，令状執行の実効性を確保するためにどのような措置が許されるか，捜索場所に居合わせた者の携帯品に対する捜索差押えは許されるかなどを問うことにより，捜索差押令状の執行方法，令状による捜索・差押えの効力が及ぶ範囲とその根拠について，基本的知識の有無と具体的事案に対する応用力を試すものである。」

■ 答案構成

第１　警察官がマスターキーで甲が滞在する客室に立ち入った行為及びその後に令状を呈示した行為

１「必要な処分」として許されるのか

捜索・差押えの目的を達するために必要かつ相当な範囲の付随処分が許容される

あてはめ

２　令状の事後呈示

事前呈示の原則及びその例外

あてはめ

第２　警察官が乙の抵抗を排除し，ボストンバッグを取り上げて，中を捜索し，ビニール袋に入った覚せい剤を差し押さえた行為

１「場所」に対する令状でその場所にいる人の所持品（携帯品）を捜索することができるか

同一管理権下にある場合には捜索可

あてはめ

２　有形力行使の適法性

第３　差押えの適法性

令状記載物件，被疑事実関連性も明らか

解答例

第1　警察官がマスターキーで甲が滞在する客室（以下「客室」という。）に立ち入った行為（以下「本件措置」という。）及びその後に令状を呈示した行為について

1(1)　本件措置の法的根拠としては，本件の捜索差押許可状（以下「本件令状」という。）の執行に際する「必要な処分」（刑事訴訟法（以下，法令名省略。）222条1項本文，111条1項）が考えられるが，これは被処分者たる甲の意思にかかわらず強制的に開錠を行うものである。そこで，かかる行為が「必要な処分」として許されるのか。

←問題の所在

(2)「必要な処分」としては，捜索・差押えの目的を達するために必要かつ相当な範囲の付随処分が許容されるが，その許否は，警察比例の原則から，制約される法益と処分の必要性を比較衡量して決すべきである。

←論証
全体の分量との関係で，考慮すべき要素までは明示しませんでした

(3)　本件のような覚せい剤事犯においては，水に流す等の方法で短時間の罪証隠滅が極めて容易であり，来意を告げれば，証拠隠滅行為に及ぶおそれがある。そこで，捜査の実効性をあげるため，かかる手段による必要性がある。

←あてはめ
メイン論点の1つですので，適法違法双方につながる事実を摘示し，評価を加えていきましょう

一方で，確かに本件措置が被処分者たる甲のプライバシーを侵害することは疑いない。

もっとも，客室という捜索場所の性質からして，被疑者以外の者のプライバシー侵害は想定されておらず，また，錠の破壊行為と比較しても（111条1項参照），行為態様としては穏当なもので，権利侵害の程度は軽微である。

以上の事実に照らせば，本件措置は「必要な処分」として許容されると解すべきである。

2　さらに，警察官は入室行為という本件令状の執行着手後に，甲に対し本件令状を呈示しているが，この点は適法か。

←令状の事後呈示の可否

222条1項本文が準用する110条は，被処分者に対して令状を呈示することを要求している。これは，令状の被執行者に対してその受忍範囲を確認させて防御権行使を容易にするためである。かかる趣旨からすれば，令状執行に着手する前に令状の呈示を行うのが原則である。

もっとも，令状呈示の間に証拠隠滅行為等が行われるおそれがあるときには，例外的に事後呈示も許されると解する。ただし，上記趣旨に鑑み，証拠隠滅行為等の防止措置をとった後，速やかに令状を呈示すべきである。

←論証
全体のバランスとの関係で，幾分短めに論じています

本件で問題となる被疑事実は上記のように覚せい剤事犯であり，証拠隠滅が容易であるため，令状呈示の間に証拠隠滅行為が行われる危険性が高い。現に本件でも甲がビニール袋に入った覚せい剤を持ってトイレに駆け込もうとしている。

←あてはめ

そうすると，警察官が，甲を制止して持っていた覚せい剤を取り上げた後に令状を呈示したことも，やむを得ない。

以上から，証拠隠滅のおそれを排除した後，速やかに令状が呈示されたものと認められるから，この点は適法である。

第２　警察官が乙の抵抗を排除し，ボストンバッグ（以下「本件バッグ」という。）を取り上げて，中を捜索し，ビニール袋に入った覚せい剤を差し押さえた行為について

1(1)　本件令状の捜索対象は「甲が宿泊中のホテルの客室」であり，「場所」である。では，「場所」に対する捜索差押許可状によって，その場所に居合わせた乙の携帯品たる本件バッグという「物」の捜索をすることが認められるか。

(2)　確かに，法は「場所」と「物」を捜索対象として区別している（219条１項)。しかし，差し押さえるべき物が存在すると思われる「物」に対して，逐一令状を取ることは煩雑にすぎ，捜査機関に不可能を強いる。また，法が捜索すべき場所の特定を要求した理由はその場所に対するプライバシー等の権利利益を保護する点にあるところ，「場所」内にある「物」に関するプライバシー等の権利利益は「場所」に対するそれに包摂されているとみることができる。

以上から，当該「場所」の住居権者が管理している物には捜索差押令状の効力が及ぶと解する。この理は，当該「物」をその場に居合わせた人が携帯している場合であっても変わるところがない。携帯されているか否かでプライバシー等の権利利益が変質することはないからである。

←論証
ここは，特に法解釈が重要となりますので，原則論からしっかりと解き明かしていきましょう

(3)　乙は捜索場所に偶然居合わせた者であり，本件バッグの任意提出を拒んでいることから，直ちに同バッグが住居権者甲の管理する物であるとの推認を及ぼすことは難しい。

しかし，乙は覚せい剤所持被疑事件の捜索場所である客室に居合わせており，本件被疑事件に関与している可能性は否定できない。また，普通のバッグに比しボストンバッグは大きく持ち運びも容易ではないので，宿泊者以外の者による外部からの持ち込みは通常想定し難い。加えて，乙は甲が所持する覚せい剤が差し押さえられる状況下で，任意提出要求に対し単にこれを拒否するだけでなく，同バッグを抱え込むという極めて不自然な態度をとっている。

以上のような事実を総合的に考慮すれば，本件バッグには甲の管理権が及んでいると推認される。

したがって，同バッグには，捜索差押許可状の効力が及び，警察官は，本件バッグを捜索することができる。

←あてはめ
本件バッグに本件令状の効力が及んでいるとの立場で論じました。逆の結論もあり得ます

2　また，捜索・差押えに際しては，その目的達成のため，令状の効力として，合理的にみて必要かつ相当な範囲における有形力の行使を行うことができる。乙の上記のような態度や，警察官の有形力の行使がバッグを取り上げた程度にとどまるものであることを考慮すれば，乙の抵抗を排除した点は，合理的にみて必要かつ相当な範囲における処分として許容される。

←本件バッグに本件令状の効力が及んでいるという前提に立った場合，本件における有形力の行使は当然に適法であると思われますが，念のため

第３　覚せい剤の差押え

令状記載物件であり，また被疑事実との関連性も明らかであることから，適法である。　以　上

←差押えの適法性
これも念のため

● 合格者の問題メモ

警察官は，甲に対する覚せい剤所持被疑事件に関し，「甲が宿泊中のホテルの客室」を捜索場所，「覚せい剤」等を差し押さえるべき物とする捜索差押許可状の発付を受け，同客室に赴いた。証拠が隠滅されることをおそれた警察官は，ホテルの支配人に協力を求めてマスターキーを借り受け，来意を告げることなく，マスターキーでドアを開錠し，同客室内に立ち入った。すると，在室していた甲が，ビニール袋に入った覚せい剤を持ってトイレに駆け込もうとしたので，警察官は，甲を制止して持っていた覚せい剤を取り上げ，その後，甲に捜索差押許可状を示した上，同覚せい剤を差し押さえ，引き続き同客室内の捜索を実施した。

同客室内には甲の知人らしき乙が居合わせており，同人がボストンバッグを携帯していたことから，警察官は乙に同バッグの任意提出を求めた。しかし，乙がこれを拒否し同バッグを抱え込むような態度をとったため，警察官は，乙の抵抗を排除して同バッグを取り上げ，その中を捜索したところ，ビニール袋に入った覚せい剤を発見したので，これを差し押さえた。

以上の警察官の行為は適法か。

（旧司法試験　平成２０年度　第１問）

● 合格者の答案構成

1 来意を告げていない
マスターキーでドアを開錠
→「必要な処分」(222 I, 111 I)

2 令状呈示前の執行の着手
呈示の趣旨から事前が原則
しかし、呈示時期は規定されていない
→着手後でも110条の法意にもとるものではない

3 「物」の捜索
第三者の物は別個のプライバシー侵害
→当然にはできない
疑うに足りる相当な理由あるとき令状の効力がおよぶ。
また、現場を保存するため、妨害排除措置可

合格者の答案例

1　警察官が、来意を告げることなく捜索場所である客室内に立ち入った行為は適法か。

(1)　来意の告知は、直接明文に規定はないが、被処分者の防御権やプライバシー権の保護のため、適正手続（憲法31条）の見地から、来意を告知するのが原則であると解される。もっとも、来意の告知により、罪証隠滅のおそれがある場合まで来意の告知を要求すると、捜索の目的が達成できず妥当でない。したがって、罪証隠滅のおそれが認められる場合は、来意を告げなくとも適正手続に反せず、許容されるものと解する。

(2)　本問では、覚せい剤被疑事件についての捜索であり、覚せい剤はトイレに流す等、その隠滅が容易である。そうすると、来意を告げることによって罪証隠滅のおそれが高い。したがって、罪証隠滅のおそれが認められるので、来意を告げずに客室内に立ち入った行為は適法である。

2　次に、警察官は、マスターキーでドアを開錠し、客室内に立ち入っているが、かかる行為は「必要な処分」（222条1項前段、111条1項）として許容されるか。

(1)　「必要な処分」とは、令状の執行に合理的に必要な行為をさす。もっとも、適正手続の見地から、社会通念上相当と認められる範囲内で許容される。そこで、合理的必要性が認められ社会通念上相当と認められる行為であれば、「必要な処分」として許容される。

(2)　本問では、被処分者に開錠させると、その間に覚せい剤を隠滅されるおそれがあり、捜索の実効性を確保し目的を達成するためマスターキーでドアを開錠し、客室内に立ち入る合理的必要性が認められる。また、「必要な処分」として「錠をはずし」すという行為が規定されているが（111条1項）、マスターキーでの開錠は、「錠をはずし」す行為と同視し得るものであり、ホテルの支配人の協力を得て行っていることも考慮すれば、平穏な手段であると認められ、社会通念上相当であると認められる。したがって、マスターキーでドアを開錠した行為も「必要な処分」として適法である。

3　警察官は、捜索差押許可状を示す前に、甲から覚せい剤を取り上げるまで、捜索の執行に着手しているが、このように、令状呈示前に執行に着手することは適法か。

(1)　この点、令状呈示（法222条1項前段、110条）の趣旨が、令状の執行手続の公正さを担保し、被処分者に捜索対象等を了知させることで防御権の保障を確保する点にあることからすれば、令状の呈示は執行の着手前に行うのが原則である。もっとも、令状の呈示には時間がかかることもあり、罪証隠滅等の妨害行為がされるおそれがある場合にも事前呈示を要求すると、捜索の目的を達成できず妥当でない。また、110条は呈示の時期まで規定していない。そこで、罪証隠滅等のおそれがある場合で、着手後速やかに呈示した場合は、令状呈示前の執行の着手も110条の法意にもとるものではなく、許容されるものと解する。

(2) 本問では、客室内に立ち入ったときに、既に甲により、ビニール袋に入った覚せい剤をトイレに捨て込もうとするなど、罪証隠滅行為とみられる行為がなされていた。そして、~~甲がとった行為は~~警察官がとった行為は、甲を制止し、持っていた覚せい剤を取り上げるという現場保存的措置にとどまるものであり、その後に令状を呈示してから捜索を開始している。そうすると、着手後速やかに令状を呈示したといえる。したがって、令状呈示前に執行に着手した行為も適法である。

4 警察官が、そのバッグを取り上げ、その中を捜索した行為は適法か。本問では、捜索の対象を「甲が宿泊中のホテルの客室」という「場所」としているが、「場所」を対象とする令状によって「物」まで捜索することができるか。令状の効力の及ぶ範囲が問題となる。

(1) この点、法219条1項は、捜索の対象を「場所」、「身体」、「物」と分けて記載し、それぞれのプライバシー権を保護している。もっとも、捜索対象となっている「場所」内にある「物」については、物のプライバシーは、当該場所のプライバシーに包摂されているとみることができる。したがって、当該場所の管理者が管理する「物」に関しては、「場所」に対する令状の効力が及んでおり、捜索を行うことができる。

これに対し、第三者が管理する「物」に関しては、別個のプライバシー権が観念されるので、捜索場所にあったとしても、原則として捜索を行うことはできない。しかし、証拠物を隠匿されたような場合は、捜索の実効性を確保する必要がある。

そこで、「場所」に対する捜索の実効性を確保するため、証拠物が隠匿されたと疑うに足りる状況がある場合は、第三者の「物」に対しても令状の効力が及ぶと解する。

このとき、捜索の目的を達成するため、妨害がされた場合などは令状の効力として必要最小限度の有形力の行使も許容されると解する。

(2) 本問では、そのバッグを発見した時点で既に覚せい剤が発見されていた。甲が覚せい剤を所持していることが決定的になった状況で、甲の客室内に甲の知人らしき者がボストンバッグを持っていれば、その中にも覚せい剤が入っている可能性は高い。したがって、そのボストンバッグに覚せい剤が隠匿されたと疑うに足りる状況は認められ、ボストンバッグにも令状の効力が及ぶ。また、警察官は、乙からボストンバッグを取り上げているが、乙から任意提出を拒まれ、バッグを抱え込む態度をとったことから、やむを得ず行ったもので、妨害を排除するための必要最小限度の有形力の行使である。したがって、そのボストンバッグを取り上げ、その中を捜索した行為も適法である。

5 以上より、一連の警察官の行為は適法である。

以上

第7問

司法警察員Ｐらは，①麻薬（ジアセチルモルヒネ）をＡに営利目的で不法譲渡した疑いで甲を緊急逮捕するため甲宅へ赴いたが，甲は不在であった。②留守居をしていた甲の妻乙が言うには，甲はすぐ帰宅するとのことで，Ｐらは，③乙の承諾を得て，同住居内を捜索し，住居２階にある乙の部屋で麻薬を発見し，これを差し押さえた。④Ｐらは，さらに捜索を継続中，捜索開始後20分して甲が帰宅したので，甲を玄関先で緊急逮捕した。

この捜索・差押えの適法性について論じなさい。

【参考条文】麻薬及び向精神薬取締法

第64条の２　ジアセチルモルヒネ等を，みだりに，製剤し，小分けし，譲り渡し，譲り受け，交付し，又は所持した者は，10年以下の懲役に処する。

２　営利の目的で前項の罪を犯した者は，１年以上の有期懲役に処し，又は情状により１年以上の有期懲役及び500万円以下の罰金に処する。

３（略）

出題論点

・逮捕に伴う捜索・差押え……A

問題処理のポイント

本問は，最大判昭36.6.7【百選Ａ７】（以下「昭和36年判決」といいます）を素材とした問題で，逮捕に伴う捜索差押えについての理解を問うものです。

捜索差押えは令状に基づいて行うことが原則となりますが，令状がなくとも逮捕に伴う捜索差押え（220条１項２号）の要件を満たせば例外的に適法になります。そのため，捜索差押えがなされている場合には，まず令状の発付を受けているか否かを確認し，受けていない場合には，逮捕に伴う捜索差押えとして適法化されないかを検討します。

逮捕に伴う捜索差押えの許容理由をめぐっては，相当性説と緊急処分説の対立があり，この対立が個々の要件解釈に影響してきます。自分がいずれの立場に立つのか，個々の要件についてどのように解釈するのかをあらかじめ整理しておく必要があります。

■ 答案作成の過程

1 逮捕に伴う捜索差押え

本問では，司法警察員Ｐらが，捜索差押えについて，令状の発付を受けていたという事情はありません。したがって，捜索・差押えが適法となるとすれば，220条１項２号の逮捕に伴う捜索差押えの要件を満たさなければなりません。

なお，③乙の承諾を得て捜索をしていますが，一般に住居権者の承諾があったとしても，令状なき家宅捜索は不適法であると解されていることから，この点について触れるとしても短く済ませた方がよいでしょう。

2 「逮捕の現場」（220条１項２号）

1　相当性説と緊急処分説

まず，乙の部屋が「逮捕の現場」（220条１項２号）に当たるか否かが問題となります。

この点に関連して，相当性説と緊急処分説の対立があります。前者の立場は，このような場合には，証拠が存在する蓋然性が高く，合理的な証拠収集手段として認められる処分であると説明し，後者の立場は，逮捕を完遂させ（被逮捕者の抵抗を抑圧してその逃亡を防止する），同時に現場に存在する蓋然性の高い証拠の破壊を防止するための緊急の必要性から認められる処分であると説明しています。

一般に，前者の相当性説が最高裁判例の立場であると解されている（昭和36年判決）ことから，解答例では，相当性説の立場に立って論じています。

相当性説の立場からは，逮捕場所と同一の管理権の及ぶ範囲も「逮捕の現場」に含まれると解釈されています。

2　本問へのあてはめ

相当性説の立場に立って検討すると，本問では，Ｐらが逮捕したのは甲宅の玄関先であり，甲の管理権の及ぶ範囲です。Ｐらが捜索しているのは甲宅の住居内である乙の部屋であり，第一次的には乙の管理権が及んでいる場所であると考えられます。しかし，甲と乙は夫婦であることからすれば，乙に独立の管理権を認める必要性は乏しく，端的に甲の管理権の及ぶ範囲であると考えれば足りるでしょう。

したがって，相当性説の立場に立った場合，この点に関しては適法と解することができます。

なお，緊急処分説の立場に立った場合，被疑者の身体及びその直接の支配下にある場所（手の届く範囲）に限定されると解されています。したがって，この立場によるとこの段階でＰらの行為は違法ということになるでしょう。ただし，このように解してしまうと，家人や共犯者など被疑者以外の第三者による証拠隠滅を防ぐことができませんので，若干場所的限界を拡張して解釈しようとする動きがあります。この見解によると，乙の部屋において，証拠隠滅行為が行われようとしているなどの事情がある限り，かろうじて適法とする余地が残るかもしれません。

3 「逮捕する場合」（220条1項前段）

1 昭和36年判決の意義

次に，本問では，③④捜索開始後に被疑者の甲を逮捕しているので，「逮捕する場合」（220条1項前段）の要件を満たすかどうかが問題となります。

本問の素材とした昭和36年判決は，麻薬取締官がXを麻薬譲渡の嫌疑で緊急逮捕すべくX宅に赴いたが，Xは外出して不在であったため，Xの娘を立会人としてX宅内の捜索を開始したところ，麻薬を発見したのでこれを差し押さえたが，捜索をほぼ終わる頃（捜索開始から約20分後），Xが帰宅したので緊急逮捕した，という事案において，「逮捕する場合」とは，「単なる時点よりも幅のある逮捕する際をいうのであり，……逮捕との時間的接着を必要とするけれども，逮捕着手時の前後関係は，これを問わない」と判示しています。さらに続けて，当該事案の解決について，「本件は緊急逮捕の場合であり，また，捜索，差押は，緊急逮捕に先行したとはいえ，時間的にはこれに接着し，……逮捕する際に……なされたものというに妨げなく，右麻薬の捜索，差押は，緊急逮捕する場合の必要の限度内のものと認められる」として，逮捕に伴う捜索・差押えを適法としました。

しかし，昭和36年判決には，「捜索と差押は，被疑者が不在であって，その行き先きも帰宅の時間もわからないときに開始され，実行され，完了されたのであって，被疑者を逮捕する場合に行なったものとはいえない。被疑者が間もなく帰宅し，これを逮捕したことは，予期しない偶然の事実にすぎない。……同じ捜索差押の行為でありながら，被疑者が間もなく帰宅したという偶然の事実が起これば，適法なものになり，そうした事実が起こらなければ，違法なものになるというのは，あきらかに不合理である。ある捜索差押の行為が適法であるかいなかは，その行為そのものによって判断すべきで，その後に起こった偶然の事実によって左右されるべきではない。」との横田裁判官の意見が付されており，相当性説に立つ論者でもこの意見に与する者がみられます。

結局，相当性説に立ったとしても，被疑者が現場に存在し，かつ少なくとも逮捕の直前，直後であることを要することになると思われます。昭和36年判決は，事案の特殊性ゆえの救済的な判例であったと理解するほかはないのでしょう。

2 本問へのあてはめ

本問は，Pらが，②甲はすぐに帰宅するという見込みの下に，④捜索開始後20分して甲が帰宅したところ，甲を緊急逮捕したという事案であり，ほぼ昭和36年判決と同様の事案です。したがって，昭和36年判決の立場によるのであれば，適法とすることができます。

もっとも，上記横田裁判官の意見によるのであれば，昭和36年判決の立場を批判し，違法とすることも十分に可能でしょう。

なお，緊急処分説によった場合には，逮捕行為の前に行うとすれば，被疑者がその場に現在し，かつ着手が現実に見込まれる（着手直前）という厳しい条件が要求されますので，本問事案ではＰらの行為は違法となります。

■ 答案構成

第１　問題の所在

　１　原則として，無令状捜索・差押えとして違法

　　↓

　　逮捕に伴う捜索・差押えの要件を満たせば適法

　　↓

　２　承諾捜索としては適法化できない

第２　「逮捕の現場」（220条１項２号）該当性

　１　相当性説

　　↓

　　逮捕場所と同一の管理権の及ぶ範囲

　　↓

　２　あてはめ

　３　結論

第３　「逮捕する場合」（220条１項前段）該当性

　１　事前捜索の可否

　　↓

　２　相当性説

　　逮捕着手前であっても，逮捕との時間的接着性があれば適法

　３　あてはめ

　４　適法

■解答例

第1　問題の所在

1　本問では，Pらは，無令状で甲宅を捜索し，麻薬を発見して差し押さえているから，原則として無令状捜索・差押えとして違法である（218条1項，憲法35条）。もっとも，その後甲は逮捕されているから，逮捕に伴う捜索・差押え（220条1項2号）として適法とすることが考えられる。

←原則として無令状捜索・差押えに当たり違法となる旨の指摘

←逮捕に伴う捜索・差押えとして適法となる可能性の指摘

なお，Pらは，甲宅の住居権者である甲の妻乙の承諾を得て，甲宅の捜索を実施しているところ，家宅の承諾捜索は，通常任意の承諾はあり得ない場合であり，そのような場合のためにまさに令状主義が採用されたといえるから，これをもって適法と解することはできない。

←承諾捜索の可否短く論じます

2　そこで，以下同号の要件を検討する。

まず，麻薬という証拠物の発見のため，甲宅を捜索し，麻薬を差し押さえる「必要」（220条1項柱書前段）があるといえる。

では，「逮捕の現場」（220条1項2号），「逮捕する場合」（220条1項柱書前段）の要件は満たされるか。

第2 「逮捕の現場」該当性

1⑴　令状主義（218条1項）の例外として逮捕に伴って捜索・差押えをすることが許されるのは，逮捕時の逮捕者の安全確保に加え，逮捕の現場には証拠存在の蓋然性が認められるから，証拠確保のための合理的な手段であると考えられるからである。

←論証

⑵　そうだとすれば，「逮捕の現場」は，捜索差押許可状が請求されるであろう相当な範囲を指すと解するのが相当である。具体的には，被逮捕者の身体及び直接の支配下のみならず，逮捕場所と同一の管理権の及ぶ範囲も「逮捕の現場」に含まれると解する。

2　これを本問についてみると，Pらが逮捕したのは甲宅の玄関先であり，甲の管理権の及ぶ範囲である。そして，Pらが捜索しているのは甲宅の住居内である乙の部屋である。

←あてはめ

確かに，乙の部屋については，一次的には乙が使用しているものと考えられるものの，甲と乙は夫婦であることからすれば，乙に独立の管理権を認める必要性は乏しく，端的に甲の管理権の及ぶ範囲であると考えれば足りると解される。

したがって，乙の部屋は逮捕場所と同一の管理権の及ぶ範囲といえる。

3　よって，司法警察員Pらが捜索した場所は「逮捕の現場」に当たる。

第3 「逮捕する場合」該当性

←「逮捕する場合」の意義

1　そうだとしても，Pらが捜索を開始したのは甲を逮捕する前である。この場合でも220条1項により無令状捜索・差押えが認められるのか，同条の「逮捕する場合」の意義が問題となる。

2　前述のとおり，同条の趣旨は，逮捕の現場には証拠存在の蓋然性が認められるから，証拠確保のための合理的な手段として認めることにある。

そして，証拠存在の蓋然性，必要性は，逮捕着手時の前後関係によって変化するものではない。したがって，逮捕着手前であっても，「逮捕する場合」に当たり得る。もっとも，同条項の捜索・差押えは逮捕を前提として許容されるものであるから，逮捕との時間的接着性を必要とするべきである。

←論証

3　これを本問についてみると，Ｐらは，逮捕前に捜索に着手しているが，甲がすぐ帰宅するとの見込みの下に，捜索開始から20分後には捜索場所である甲宅において甲を緊急逮捕（210条１項，麻薬及び向精神薬取締法64条の２第１項，第２項）しており，時間的接着性が認められる。

←あてはめ
昭和36年判決に従いました

4　したがって，「逮捕する場合」に当たり，Ｐらの捜索・差押えは適法である。

以　上

● 合格者の問題メモ

司法警察員Ｐらは，麻薬（ジアセチルモルヒネ）をＡに営利目的で不法譲渡した疑いで甲を緊急逮捕するため甲宅へ赴いたが，甲は不在であった。留守居をしていた甲の妻乙が言うには，甲はすぐ帰宅するとのことで，Ｐらは，乙の承諾を得て，同住居内を捜索し，住居２階にある乙の部屋で麻薬を発見し，これを差し押さえた。Ｐらは，さらに捜索を継続中，捜索開始後２０分して甲が帰宅したので，甲を玄関先で緊急逮捕した。

この捜索・差押えの適法性について論じなさい。

【参考条文】麻薬及び向精神薬取締法

第６４条の２　ジアセチルモルヒネ等を，みだりに，製剤し，小分けし，譲り渡し，譲り受け，交付し，又は所持した者は，１０年以下の懲役に処する。

２　営利の目的で前項の罪を犯した者は，１年以上の有期懲役に処し，又は情状により一年以上の有期懲役及び５００万円以下の罰金に処する。

３（略）

● 合格者の答案構成

1 無令状での捜索（令状主義憲35、法218）

原則として許されない

乙の承諾があることから承諾に基づく捜索

もっとも、甲の承諾なし → 不可

2 逮捕に伴う捜索・差押え（220条）

まず、「逮捕する場合」にあたるか。判例と事案似ている

肯定 ~~とまま~~

次に、「逮捕の現場」，乙の部屋も含まれるか

甲宅内にある部屋なので別個の管理権は

観念できない。→ 含まれる。

合格者の答案例

1　Pらは、無令状で捜索・差押えを行っているが、捜索・差押えを無令状で行うことは、原則として許されない（令状主義、憲法35条、法218条1項）。

　本問では、乙の承諾を得て捜索を行っているが、甲宅の住居権者である甲の承諾はないので、承諾に基づく捜索として適法となることはない。

2　Pらは、甲を緊急逮捕する際に捜索・差押えを行っていることから、逮捕に伴う捜索・差押え（220条1項2号）として、無令状での捜索差押えが適法とならないか（同条3項）。以下、要件を満たすか検討する。

(1)　逮捕に伴う捜索・差押えは、「逮捕する場合」に行われなければならないが、Pらは、逮捕する前の甲を発見する前から行っている。このような場合でも「逮捕する場合」といえるか。その判断基準が問題となる。

ア　法220条1項2号が、令状主義の例外として無令状での捜索を許容する根拠は、逮捕の現場には証拠存在の蓋然性が高く、また、捜索・差押えに伴う人権侵害は、逮捕に伴うそれに包含されているといい得ることから、令状主義の合理的な例外として認められる点にある。そして証拠存在の蓋然性は、逮捕の前後で変わるものではない。したがって、「逮捕する場合」とは、逮捕に着手している場合に限定されず、逮捕に着手する前の時点も含まれると解する。ただし、220条は、逮捕に着手することを前提としているのであるから、単に逮捕する予定があるだけでなく、逮捕に着手する相当の蓋然性があり、かつ、逮捕の着手との時間的接着性がなければならないと解する。

イ　本問では、たしかに、Pらが捜索を開始した時点では、甲は不在であり逮捕に着手できていない。もっとも、「甲の妻」である乙が「甲はすぐ帰宅する」と言っていることから、甲宅で逮捕に着手する相当の蓋然性はあった。また、捜索を開始してから20分後には、甲を緊急逮捕しており、逮捕の着手との時間的接着性も認められる。したがって、Pらの捜索は、「逮捕する場合」になされたと認められる。

(2)　次に、Pらは、甲宅内を捜索し、乙の部屋で麻薬を発見しているが、甲を逮捕した場所は、甲宅の玄関先である。そこで、乙の部屋での捜索が「逮捕の現場」での捜索といえるか。「逮捕の現場」の意義が問題となる。

ア　この点、法220条が令状主義の合理的例外であることから、「逮捕の現場」とは、令状を請求すれば許容されるであろう場所的範囲をさし、その場所の管理者の管理権と同一の管理権が及ぶ範囲を意味すると解する。

イ　本問では、甲を玄関先で逮捕しているが、「玄関先」も「甲宅」の一部であり、甲宅は甲の管理権が及んでいるので、甲宅も「逮捕の現場」に含まれる。たしかに、乙の部屋には乙のプライバシー権や管理権も観念されるが、特別な事情がない限り、同一の住居内で管理権を分けて考えるべきではない。したがって、乙の部屋も「逮捕の現場」に含まれ、Pらの捜索は、「逮捕の現場」での捜索といえる。

(3) ア　逮捕に伴う捜索差押えの対象となる物の範囲であるが、前述の根拠から、令状が発付されれば対象となるであろう物、つまり、被疑事実との関連性のある物も対象となると解する。

イ　本問は、麻薬を差し押さえているので、問題なく対象となる物の範囲に含まれる。

3　以上より、Pらの捜索・差押えは、逮捕に伴う捜索・差押えとして適法である。

以上

第8問

①覚せい剤使用の嫌疑のある被疑者について，尿を強制的に採取するには，捜査官はどのような方法を採ることができるか。その②可否，③要件及び④必要な令状の種類について述べよ。必要な令状の種類については⑤強制採血との比較について留意すること。

また，⑥被疑者が逮捕されていない場合について，被疑者を採尿に適する最寄りの場所まで連行することはできるか。

（旧司法試験　平成7年度第1問改題）

出題論点

・強制採尿……A

・強制採血……B

問題処理のポイント

本問は，令状なき対物的強制処分についての理解を問うものです。旧司法試験の過去問を改題し，強制採血についての理解も問うことにしました（なお旧司法試験の元の問題は，「覚せい剤使用の嫌疑のある被疑者について，尿を強制的に採取するには，捜査官はどのような方法を採ることができるか。被疑者が逮捕されている場合と逮捕されていない場合に分けて，その可否，要件及び問題点について述べよ。」というものです）。

本問で問題となる強制採尿や強制採血が強制処分に当たることは明らかなので，令状の要否より必要とされる令状の種類が問題となります。

この点に関しては，強制採尿における判例法理が，強制採血など他の令状なき対物的強制処分にも及ぶかという視点で学習する必要があります。特に，本問のように，2つの処分を比較させるタイプの問題が出題された場合には，必要とされる令状の種類について整合的な論述が求められますので，注意が必要です。

■ 答案作成の過程

1 設問前段について

1 強制採尿の可否について

①②強制採尿は，対象者の羞恥感情を著しく侵害し屈辱感等の精神的打撃を与える強制処分であり，そもそも捜査手法として認められないのではないかという問題があります。

この点については，最決昭55.10.23【百選27】（以下「昭和55年決定」といいます）が，「尿を任意に提出しない被疑者に対し，強制力を用いてその身体から尿を採取することは，身体に対する侵入行為であるとともに屈辱感等の精神的打撃を与える行為であるが，右採尿につき通常用いられるカテーテルを尿道に挿入して尿を採取する方法は，被採取者に対しある程度の肉体的不快感ないし抵抗感を与えるとはいえ，医師等これに習熟した技能者によって適切に行われる限り，身体上ないし健康上格別の障害をもたらす危険性は比較的乏しく，仮に障害を起こすことがあっても軽微なものにすぎないと考えられるし，また，右強制採尿が被疑者に与える屈辱感等の精神的打撃は，検証の方法としての身体検査においても同程度の場合がありうるのであるから，被疑者に対する右のような方法による強制採尿が捜査手続上の強制処分として絶対に許されないとすべき理由はな」（下線部は筆者）いとして，この点について積極に解すべきことを明らかにしました。

答案でもこの立場に立って論じればよいでしょう。

2 強制採尿の要件について

③もっとも，昭和55年決定は，「被疑事件の重大性，嫌疑の存在，当該証拠の重要性とその取得の必要性，適当な代替手段の不存在等の事情に照らし，犯罪の捜査上真にやむをえないと認められる場合には，最終的手段として，適切な法律上の手続を経てこれを行うことも許されてしかるべきであり，ただ，その実施にあたっては，被疑者の身体の安全とその人格の保護のため十分な配慮が施されるべき」であるとして，一般の捜索・差押え等の要件よりも厳格に解しています（なぜ，そのような厳格な要件が要求されるかという点については，学説により理解に違いがありますが，1つの考え方として，「正当な理由」（憲法35条1項）の解釈に基づくものであるとする立場があります）。

なお，(a)「犯罪の捜査上真にやむをえないと認められる場合であること」は，強制採尿が許されるための実質的要件にあたり，(b)「適切な法律上の手続を経ること」は強制採尿が許されるための形式的，手続的要件にあたり，(c)「実施にあたって，被疑者の身体の安全とその人格の保護のため十分な配慮を施すこと」は強制採尿を実施する段階における要請であると解されています。このうち，(b)「適切な法律上の手続を経ること」は，次の必要な令状の種類の問題と同義であり，(c)は実施段階の事後的な要請ですので，「強制採尿の要件」として触れる必要はないでしょう。

そこで，答案上は，(a)のみ論じておけば足ります。

3 必要な令状の種類について

⑴ 強制採尿の場合

④昭和55年決定は，「体内に存在する尿を犯罪の証拠物として強制的に採取する行為は捜索・差押の性質を有するものとみるべきであるから，捜査機関がこれを実施するには捜索差押令状を必要とすると解すべきである。ただし，右行為は人権の侵害にわたるおそれがある点では，一般の捜索・差押と異なり，検証の方法としての身体検査と共通の性質を有しているので，身体検査令状に関する刑訴法218条５項（筆者注：現６項）が右捜索差押令状に準用されるべきであって，令状の記載要件として強制採尿は医師をして医学的に相当と認められる方法により行わせなければならない旨の条件の記載が不可欠である」(下線部は筆者）と述べ，条件付捜索差押許可状によるとの見解を示しました。

一方で，学説上は，鑑定処分許可状説，身体検査令状説，鑑定処分許可状・身体検査令状の併用説があり，併用説が有力です。

⑵ 強制採血の場合

⑤強制採血については，最高裁の判例がなく，学説は，条件付捜索差押許可状説，身体検査令状説，鑑定処分許可状・身体検査令状の併用説等に分かれていますが，実務上は併用説によっていると言われています。

実務の取扱いは，昭和55年決定の射程が，強制採血には及ばないとの理解によるわけですが，その理由は，体内の尿は，いつでも体外に排出できる態勢にある廃棄物であって，いわば体腔内に隠匿された異物に近く，身体の一部ではないから差押えの対象になるが，生体を構成する血管内の血液は，捜索差押えの対象となる「物」(99条参照）には該当しないことに求められるのが一般的です。

実務が併用説に立って運用されている以上，答案上は併用説に立つのが無難であるといえます。

もっとも，昭和55年決定は，「体内に存在する尿を犯罪の証拠物として強制的に採取する行為は捜索・差押の性質を有するものとみるべきである」として強制採尿の行為の性質には触れていますが，対象物の性質については何ら触れていませんし，またどんな高価値物（例えば，宝飾類）でも証拠となりうる以上，差押えは可能であるはずです。

これらの点を考慮すると，併用説が理論的に正当とはいい難いので，併用説を批判し，条件付捜索差押許可状説によるとしても良いでしょう。

いずれにしても，強制採尿と強制採血の異同を踏まえ，必要な令状の種類について整合的な論述がなされていれば構いません。

2 設問後段について

⑥強制連行の可否については，最決平6.9.16【百選28】があります。

同決定は，「身柄を拘束されていない被疑者を採尿場所へ任意に同行することが事実上不可能であると認められる場合には，強制採尿令状の効力として，採尿に適する最寄りの場所まで被疑者を連行することができ，その際，必要最小限度の有形力を行使することができるものと解するのが相当である。けだし，そのように解しないと，強制採尿令状の目的を達することができないだけでなく，このような場合に右令状を発付する裁判官は，連行の当否を含めて審査し，右令状を発付したものとみられるからである。」（下線部は筆者）と述べています。

答案上も同決定にしたがって論じれば良いでしょう。

■ 答案構成

第1　前段について
　1　強制採尿の可否
　　↓
　　可能
　2　強制採尿の要件
　　↓
　　犯罪の捜査上真にやむを得ないと認められること
　　↓
　3　必要な令状の種類（強制採尿）
　　↓
　　併用説に対する批判
　　↓
　　条件付捜索差押許可状
　　↓
　　必要な令状の種類（強制採血）
　　↓
　　尿と血液の違い
　　↓
　　併用説

第2　後段について
　1　強制連行の可否
　　↓
　　不適法説への批判
　　↓
　2　適法説

解答例

第１　前段について

１　強制採尿が強制処分に当たり，下記で検討する令状がなければすることができないことは明らかである。もっとも，そもそも強制採尿は，身体に対する侵入行為であるとともに屈辱感等の精神的打撃を与える行為であるから，仮に令状があったとしても許されないのではないか。

←強制採尿の可否

覚せい剤自己使用は密行性の高い重大犯罪で，客観的証拠の採取のために強制採尿は不可欠の捜査手段であり，これを否定してはかえって自白強要につながりかねない。

←論証

また，身体に対する影響は医師により適切な方法でなされれば格別な問題は生じないと考えられるし，精神的打撃についても，検証としての身体検査においても同程度のものがあり得る以上（218条１項３項），直ちに法律上許されない捜査方法ということはできない。

したがって，厳格な要件の下でのみ強制採尿は許される。

２　具体的には，被疑者に与える影響の重大性に鑑み，被疑事件の重大性，嫌疑の存在，当該証拠の重要性とその取得の必要性，適当な代替手段の不存在等の事情に照らし，犯罪の捜査上真にやむを得ないと認められる場合に限って認められると解すべきである。

←強制採尿の要件
実体要件のみ示しています

３(1)　では，強制採尿はいかなる令状によるべきか。

←必要な令状の種類

この点について，身体の損傷を伴う内部検査は，鑑定処分に属するが，鑑定処分許可状では直接強制ができない（225条は172条を準用しておらず，また，225条４項で準用する168条６項は139条を準用していない。）ので，身体検査令状を用いるべきであるとする，身体検査令状と鑑定処分許可状の併用説がある。

←論証

本問では論じるべき論点が少なく，強制採尿と強制採血の比較が求められていることから，反対説についても言及しました。多論点型の問題では触れる必要はありません

しかし，強制採尿は，体内に存する尿を犯罪の証拠物として発見し，強制的に占有を取得するものである。

また，尿は老廃物としていずれ体外に排泄される無価値物であるから，もはや身体の一部としての性格を弱め「物」としての性質を強めているので，捜索差押許可状（218条１項前段，219条）によるべきであると考える。

もっとも，尿がこのようなものであっても，まだ体内にある場合には，生理的機能を害し，精神的打撃を与える等の人権侵害にわたるおそれがある点では，一般の捜索・差押えと異なり，検証の方法としての身体検査と共通の性質を有しているので，身体検査令状に関する218条６項を準用して，医師をして医学的に相当な方法により行わせなければならない旨の条件の記載が不可欠と考える。

←条件付捜索差押許可状説

(2)　これに対し，採血も身体への損傷を伴い，健康状態に障害を及ぼす危険があるから，被験者の真意に基づく同意がない限り，強制捜査に該当し，令状が必要である。

←強制採血

もっとも，血液は尿と異なり，人体の一部を構成し体内

←論証

で恒常的に機能している。
　したがって，血液を「物」と見ることはできず，身体の一部であると考えるべきであるから，強制採尿と同様の条件付捜索差押許可状によることはできない。
　そして，採血を実施するには，専門的知識と経験を必要とするし，採血は体内の物を採取するものであり，身体の外表を見たり触れたりする検証にとどまるものではない。
　そこで，採血は鑑定処分許可状（225条３項）によるべきである。
　しかし，上記のように，鑑定処分には直接強制をする根拠条文がなく，これをすることができない。
　そのため，身体検査令状を併用するべきである。

第２　後段について

１　逮捕されていない場合には，対象者を採尿するのに適した場所へ強制的に連行しなければならない。
　もっとも，そのような行為は身体の拘束と考えられるから，捜索差押許可状によってこのような強制連行が許されるかが問題となる。
　この点につき，法は「人」に対する強制処分と「物」に対する強制処分とを区別していることから，「物」に対する強制処分の令状によって「人」を強制連行することは許されないという考えもある。
　しかし，採尿自体を強制的に行い得るのに，その前段階の強制採尿場所への強制連行についてのみ相手方の同意を要するというのは，実質的理由に乏しい。

２　令状を発付する裁判官は，連行の当否を含めて審査して，令状を発付したものとみられる。また，強制連行を認めないと強制採尿令状の目的が達成できない。
　したがって，身柄を拘束されていない被疑者を採尿場所へ任意に同行することが事実上不可能であると認められる場合においては，強制採尿のための捜索差押許可状の効力として，採尿に適する最寄りの場所へ被疑者を連行でき，その際には必要最小限の有形力の行使も認められると解する。

以　上

尿との比較を意識します

←併用説

←強制連行の可否

←論証
ここでも反対説を紹介しましたが，前段のように比較の観点が必要なわけではありませんので，割愛してしまっても構いません

合格者の問題メモ

覚せい剤使用の嫌疑のある被疑者について，尿を強制的に採取するには，捜査官はどのような方法を採ることができるか。その可否，要件及び必要な令状の種類について述べよ。必要な令状の種類については強制採血との比較について留意すること。

また，被疑者が逮捕されていない場合について，被疑者を採尿に適する最寄りの場所まで連行することはできるか。

（旧司法試験　平成７年度　第１問　改題）

合格者の答案構成

1 強制採尿
そもそも「強制の処分」としても許されないのではないか
という可否の問題

2 許されるとした場合の要件

3 どの令状が必要か
体内への侵襲を伴う
もっとも，尿という証拠物を発見する行為→捜索
↳この点が，血液を採取することとは違う
血液は体内の一部であり「物」とみるべきではない
強制採血は「鑑定」とみるべき

4 「身体」を拘束する強制捜査にあたる
もっとも採尿令状の発付の際，審査されている→OK

合格者の答案例

1　尿を強制的に採取する方法としては、カテーテルを尿道に挿入して強制的に尿を採取する強制採尿の方法が考えられる。強制採尿は体内への侵襲を伴うことから、強制捜査にあたるが、そもそも被処分者の人権侵害を考慮すると、強制捜査としても許されないのではないか。強制採尿の可否が問題となる。

たしかに、被処分者に与える屈辱感や、身体への危険も考慮すると望ましい手段ではない。しかし、尿は、証拠収集が困難な覚せい剤事犯において決定的な証拠となり、尿を採取する必要性は高い。また、被処分者に与える屈辱感等は検証としての身体検査（222条1項、129条）でも同程度のものがあり、身体への危険も医師をして適切な方法で行われる限り、少ないものである。

したがって、強制採尿を全面的に否定すべきでない。ただし、強制採尿は前述のとおり望ましい手段ではないので、限定的に許容すべきである。そこで、厳格な要件の下、強制採尿は許されると解する。

2　では、その要件をいかに解すべきか。

この点については、被疑者の人権保障に配慮しても、真実発見（1条）のためにやむを得ない場合に許されると解する。具体的には、事件の重大性、嫌疑の存在、尿の証拠としての重要性、必要性、代替証拠や代替手段の不存在等の事情を考慮し、必要やむを得ないと認められる場合に、最終手段として許される。

3　強制採尿が許されるとして、強制捜査であるので令状が必要となるが、強制採尿はいかなる令状によって行うべきか。

(1)　この点、強制採尿の尿の採取や尿の分析には専門的知識・技術が必要となり、また、体内への侵襲を伴うことから鑑定処分許可状（225条1項）が必要とも思える。

しかし、強制採尿という処分によって取得される尿は、いずれ体外に排出される無価値であり、身体の一部というよりは証拠「物」としての性格が強い。そして、体内にある「物」を取得するという行為の態様・性質は、鑑定というよりは捜索・差押えとみる方が適切である。したがって、捜索差押え許可状（218条1項）によるものと解する。

(2)　強制採尿と似た処分として強制採血がある。強制採血は身体を傷害する処分であるので強制処分にあたり、令状が必要となる。そして、この強制採血については、鑑定処分許可状と身体検査令状を併用すべきと解する。

たしかに、強制採尿も強制採血も体内から目的物を採取する点で類似しており、両者の必要となる令状が異なることは矛盾するとも思える。しかし、証拠「物」としての性格が強い尿と異なり、血液は身体の重要な一部であることから、証拠物とみることはできない。そうすると、強制採血については、捜索・差押えとみることはできず、専門的知識を用いて行う鑑定にあたる。したがって両者の令状が異なることは矛盾しない。

なお、身体検査令状を用いるのは、鑑定処分許可状だけでは強制執行を行うことができないからである(225条4項、168条6項参照)。

(3) 強制採尿が捜索差押許可状によって行うことができるとしても、体内への侵襲を伴い、身体への危険が高いという点で検証としての身体検査と類似する。そこで、218条6項を準用し、医々師をして医学的に適切な方法で行わなければならない旨の条件を令状に記載することが必要であると解する。

4 被疑者が逮捕されていない場合に、被疑者を採尿に適する最寄りの場所まで連行することができるか。

被疑者を強制的に連行することは、身体を制約する強制処分であるので、逮捕状がなければできないとも思える。

もっとも、被疑者を採尿に適した場所まで連行できなければ、強制採尿令状の目的が達成できず、令状の発付を得た意味がない。また、令状を発付した裁判官としては、連行がされることまで含めて審査していると思われる。そうすると、強制採尿令状は、被疑者を連行することまで予定しているとみることができる。

したがって、令状の効力として被疑者を強制連行することができる。ただし、強制採尿令状は、身体拘束を目的とするものではないから、強制連行は必要最小限度でのみ許され、任意の同行に応じない場合に、採尿に適する最寄りの場所までの連行が許され、有形力の行使も必要最小限度でのみ許される。

以上

第9問

殺人事件の被疑者甲の弁護士Xは，①甲の依頼により弁護人となるため，担当の警察官Pに対して甲との接見を申し出たところ，②Pは甲が現在取調べ中であることを理由にこれを拒否し，接見日時を翌日午前10時以降に指定した。この間，③甲の取調べは夕食のため一時中断され，夕食後も取調べを行う予定だったが，取調べを担当した警察官Qが現場の応援要請により実況見分に参加したため，その日の夕食後，甲の取調べは行われなかった。

Pの措置は適法か。

出題論点

・「捜査のため必要があるとき」（39条３項本文）の意義 ………………………… A
・初回接見 ……………………………………………………………………………… A

問題処理のポイント

本問は，捜査法の分野から，接見指定の適法性を問うものです。

接見指定の適法性については，累次の判例の積み重ねがありますが，特に，最大判平11.3.24【百選33】（以下,「平成11年判決」といいます），最判平12.6.13【百選34】（以下，「平成12年判決」といいます）という百選掲載の２つの判例が重要です。なお，本問は平成12年判決を素材として作問したものです。

接見指定の適法性を論じる際には，両判決の趣旨も踏まえ，39条３項本文の「捜査のため必要があるとき」の要件，同項ただし書の「被疑者が防禦の準備をする権利を不当に制限するようなものであつてはならない。」の要件の２つを，事案に即して順次検討していくことになります。

■ 答案作成の過程

1 「捜査のため必要があるとき」（39条３項本文）の意義

1　判例の立場

この点に関して，平成11年判決は，「『捜査のため必要があるとき』とは，右接見等を認めると取調べの中断等により捜査に顕著な支障が生ずる場合に限られ……る。そして，弁護人等から接見等の申出を受けた時に，捜査機関が現に被疑者を取調べ中である場合や実況見分，検証等に立ち会わせている場合，また，間近い時に右取調べ等をする確実な予定があって，弁護人等の申出に沿った接見等を認めたのでは，右取調べ等が予定どおり開始できなくなるおそれがある場合などは，原則として右にいう取調べの中断等により捜査に顕著な支障が生ずる場合に当たると解すべきである」として，従来からの判例の立場（最判平3.5.10など）を確認しています。

その論拠について，判例は，弁護人等との接見交通権は，憲法34条前段が保障する弁護人依頼権の趣旨に由来する「身体を拘束された被疑者が弁護人の援助を受けることができるための刑事手続上最も重要な基本的権利に属するものである」（最判昭53.7.10）ことを挙げていますが，学説上は，81条との均衡（一般人との接見でさえも，理由が逃亡と罪証隠滅に限定されており，司法機関たる裁判官でなければ禁止できない）等の理由も挙げられています。

2　本問へのあてはめ

本問では，弁護士Xが接見を申し出た時点では，②甲は現に取調べ中であったのですから，「取調べの中断等により捜査に顕著な支障が生ずる場合に当たる」ということになるでしょう。なお，学説上は，現に取調べ中であることが，「取調べの中断等により捜査に顕著な支障が生ずる場合に当たる」というのは原則であって，取調べを一時中断し，あるいはその開始を若干遅らせることが著しい支障に結びつかないと認められるときには，接見指定の要件を欠くとするものがありますが，本問では，そのような事情が明らかではありませんので，この点について触れる必要はないでしょう。

2 「被疑者が防禦の準備をする権利を不当に制限するようなものであつてはならない」の意義（初回接見の場合）

1　判例の立場

39条３項本文の接見指定の要件が具備されている場合であっても，「接見等の日時等の指定をする場合には，捜査機関は，弁護人等と協議してできる限り速やかな接見等のための日時等を指定し，被疑者が弁護人等と防御の準備をすることができるような措置を採らなければならない」（平成11年判決）とされています。

この趣旨を受けて，平成12年判決は「弁護人を選任することができる者の依頼により弁護人となろうとする者と被疑者との逮捕直後の初回の接見は，身体を拘束された被疑者にとっては，弁護人の選任を目的とし，かつ，今後捜査機関の取調べを受けるに当たっての助言を得るための最初の機会であって，直ちに弁護人に依頼する権利を与えられなければ抑留又は拘禁されないとする憲法上の保障の出発点を成すものであるから，これを速やかに行うことが被疑者の防御の準備のために特に重要である」。したがって，捜査機関としては，接見指定の要件が具備された場合でも，「指定に当たっては，弁護人となろうとする者と協議して，即時又は近接した時点での接見を認めても接見の時間を指定すれば捜査に顕著な支障が生じるのを避けることが可能かどうかを検討し，これが可能なときは，留置施設の管理運営上支障があるなど特段の事情のない限り，……たとい比較的短時間であっても，時間を指定した上で即時又は近接した時点での接見を認めるようにすべきであり，……被疑者の取調べを理由として右時点での接見を拒否するような指定をし，被疑者と弁護人となろうとする者との初回の接見の機会を遅らせることは，被疑者が防御の準備をする権利を不当に制限するものといわなければならない」（下線部は筆者）としています。

そして，当該事案の解決としては，初回接見の必要性の大きさ，接見目的に応じた合理的時間を確保することの実現性，接見時間の指定による捜査への顕著な支障の回避可能性等を具体的に検討した結果，接見指定に関する当該措置は，被疑者の防御の準備をする権利を不当に制限したものであって違法であると判断しています。

なお，平成12年判決は，「即時又は近接した時点での接見を認めても接見の時間を指定すれば捜査に顕著な支障が生じるのを避けることが可能かどうかを検討し，これが可能なとき」に上記のような措置を採るべきであるとしており，そのような支障を避けることができない場合（例えば，被疑者が重要な証拠物で未押収のものの所在を自供し，それに基づいて引き当たり捜査を実施しようとしている場合などが考えられます）は，その射程外であることに留意してください。

2　本問へのあてはめ

本問も弁護士Xは，①甲の依頼により弁護人となるために接見を申し出ており，初回接見の事案ですので，平成12年判決の趣旨が及びます。なお，平成12年判決は，「逮捕直後の初回の接見」としていますが，接見の申出が逮捕直後にされたかどうかよりも，初回接見かどうかが重要な意義を有するとされており，Xによる接見申出が逮捕直後なのか否かは問題文の事情から判然としませんが，この点はさほど事案の解決に影響しません。

その上で，本問の具体的な事案は分かりませんが，「比較的短時間取調べを中断し，又は夕食前の取調べの終了を少し早め，若しくは夕食後の取調べの開始を少し遅らせることによって，右目的に応じた合理的な範囲内の時間を確保することができた」（平成12年判決）といい得る場合もあり得ます。さらに，③取調べを担当した警察官Qが現場の応援要請により実況見分に参加したため，その日の夕食後，甲の取調べは行われなかったのですから，「取調べを短時間中断し，夕食前の取調べの終了を少し早め，又は夕食後の取調べの開始を少し遅らせて，接見時間をやり繰りすることにより，捜査への支障が顕著なものになったとはいえない」（平成12年判決）ということになるでしょう。

したがって，平成12年判決と同様，Pの措置は違法であると判断されます。

■答案構成

第１　接見指定の可否

１　「捜査のため必要があるとき」の意義

２　「捜査のため必要があるとき」とは捜査の中断による支障が顕著な場合，すなわち被疑者の身柄を現に必要としている場合又は間近い時に取調べ等をする確実な予定があって，接見を認めたのでは取調べ等が予定どおり開始できなくなる場合をいう

３　あてはめ

第２　接見指定の適否

１　接見指定の内容は被疑者の防御権を不当に制限するようなものであってはならない（39条３項ただし書）

初回接見の特殊性

弁護人となろうとする者と協議して，即時または近接した時点での接見を認めても捜査に顕著な支障が生じるのを避けることが可能かを検討し，これが可能ならば，留置施設の管理運営上支障があるなど特段の事情のない限り，たとえ短時間であっても時間を指定して即時または近接した時点での接見を認めるようにすべき

２　あてはめ

３　違法

解答例

第1　接見指定の可否

1　本件では，Pは被疑者甲を取調べ中であることを理由に弁護人Xの接見を拒否しているが，この措置はいわゆる接見指定（39条3項）に当たる。そこで，かかる措置が適法か，接見指定の要件である「捜査のため必要があるとき」の意義が問題となる。

2　接見交通権（同条1項）は憲法34条の弁護人依頼権に由来する重要な基本的権利であり，捜査機関は接見の申出があった場合は原則としていつでも接見の機会を与えなければならないから，接見指定はあくまで例外的措置にすぎないと解する。

そこで「捜査のため必要があるとき」とは捜査の中断による支障が顕著な場合，すなわち被疑者の身柄を現に必要としている場合又は間近い時に取調べ等をする確実な予定があって，接見を認めたのでは取調べ等が予定どおり開始できなくなる場合をいうと解する。

3　これを本問についてみると，Pは現に甲を取り調べており，甲の身柄を現に必要としている場合，すなわち捜査の中断による支障が顕著な場合に当たる。

したがって，「捜査のため必要があるとき」の要件を満たすから，接見指定そのものが不可能であるわけではない。

第2　接見指定の適否

1　接見指定の要件が満たされても，具体的な接見指定の内容は被疑者の防御権を不当に制限するようなものであってはならない（39条3項ただし書）。

そして，初回接見が被疑者の防御の出発点をなす極めて重要なものであることに照らすと，弁護人となろうとする者と協議して，即時又は近接した時点での接見を認めても捜査に顕著な支障が生じるのを避けることが可能かを検討し，これが可能ならば，留置施設の管理運営上支障があるなど特段の事情のない限り，被疑者引致に続く所要の手続後，たとえ短時間であっても時間を指定して即時又は近接した時点での接見を認めるようにすべきである。

2　本件は，甲が逮捕されてから初回の接見であり，即時又は近接した時点において短時間でもXと接見する必要性が大きかった。

しかも，甲の取調べは夕食のために一時中断される予定だったのだから，比較的短時間取調べを中断し，又は夕食前の取調べの終了を少し早め，もしくは夕食後の取調べの開始を少し遅らせることによって，弁護人選任という目的に応じた合理的な範囲内の時間を確保することができたといいうる。

にもかかわらず，Pは一切Xとの協議を行わずに翌日の接見を指定している。

さらに結局，夕食後の取調べを担当するQは現場の応援要

←接見指定の可否
←条文及び問題となる要件の指摘
←「捜査のため必要があるとき」の意義
←論証
←あてはめ
←接見指定の適否
←論証
←あてはめ

請により実況見分に参加したために取調べは行われなかったのであり，取調べを短時間中断し，夕食前の取調べの終了を少し早め，又は夕食後の取調べの開始を少し遅らせて，接見時間をやり繰りすることにより，捜査への支障が顕著なものになったとはいえない。

3　以上のような事実からすれば，Ｐによる接見指定は甲の防御権を不当に制限するものであり，39条３項ただし書に違反し，違法である。

以　上

● 合格者の問題メモ

殺人事件の被疑者甲の弁護士Xは，甲の依頼により弁護人となるため，担当の警察官Pに対して甲との接見を申し出たところ，Pは甲が現在取調べ中であることを理由にこれを拒否し，接見日時を翌日午前１０時以降に指定した。この間，甲の取調べは夕食のため一時中断され，夕食後も取調べを行う予定だったが，取調べを担当した警察官Qが現場の応援要請により実況見分に参加したため，その日の夕食後，甲の取調べは行われなかった。

Pの措置は適法か。

● 合格者の答案構成

1 接見指定(39条)の問題

Xは「弁護人になろうとする者」(1項)にあたる。

Pの接見指定→「必要があるとき」(3項)にあたるか。

2 さらに、本問は、初回接見

→「不当に制限」するもの(3項ただし書)でないか。

合格者の答案例

1　Pが X の接見日時を翌日10時以降に指定した行為は適法か。本問では、Xは、甲の依頼により弁護人となろうとしているので、「弁護人を選任することができる者の依頼により弁護人となろうとする者」(39条1項)にあたる。(30条1項) したがって、Pは、39条3項の要件を満たす場合のみ接見指定を行うことができる。

2　本問では、甲は、起訴されていないので、「公訴の提起前」にあたる。では、「捜査のため必要があるとき」にあたるか。その意義が問題となる。

(1)　この点、39条3項は、捜査の必要性も無視できないため、捜査機関に配慮した規定であるが、接見交通権は弁護人選任権(憲法34条)の中核をなす重要な権利であり、自由に行うことができるのが原則である。そうだとすれば、例外的に制限できる場合は限定的に解すべきである。そこで、「捜査のため必要があるとき」とは、現に取調べ中又は、間近い時に取調べの予定があるなど、捜査の中断による支障が顕著の場合をさすと解する。

(2)　本問では、甲は、取調べ中であったことから、「捜査のため必要があるとき」にあたる。

3　もっとも、翌日10時以降とし、その日のうちに接見を認めなかったことは、「被疑者が防御の準備をする権利を不当に制限するようなもの」(39条3項ただし書)にあたらないか。

(1)　39条3項ただし書の趣旨は、例外的に接見指定が許されたとしても、接見交通権の重要性にかんがみ、制限を必要最小限度に抑えようとする点にある。そこで、捜査のための必要性がない場合や、必要性があっても、相当と認められないような期間接見を制限した場合は「不当に制限」する場合にあたると解する。

(2)　本問では、甲は取調べ中であり、接見指定をした時点では、夕食後も取調べを行う予定であった。したがって、捜査の必要性は認められる。また、翌日の10時であれば、不相当に長期間制限するものでもない。そうすると、Pの措置は「不当に制限するものでもないとも思える。

4　しかし、本問では、Xは、甲の弁護人となるために接見をしているのであるから、初回接見であると思われる。

(1)　初回接見については、特別な配慮が必要とされる。初回接見は弁護人の選任を目的とするもので、弁護人選任権の出発点となるものであり、また、取調べ等の捜査を受けるにあたって、どのような防御をすべきかにつき弁護人から助言を受けることができる最初の機会であるので、特に重要だからである。このような重要性にかんがみれば、可能な限り、初回接見を認めるべきである。

そこで、初回接見の申し出があった際は、接見指定の要件が備わっている場合でも、弁護人と協議し、即時又は近接した時間に接見を認めても捜査への支障を避けることができないか検討し、たとえ比較的短時間であっても、時間を指定するなどして、捜査への支障を避けることが可能な場合は、即時又は近接した時間に接見を認めるべきである。

そして、弁護人との協議や、捜査の支障への検討を怠ったような場合は、被疑者の防御を「不当に制限する」場合にあたると解する。

(2) 本問では、たしかに、甲が取調べ中であったことからすれば、即時の接見は難しかったといえる。しかし、Pは、Xと協議をせず、夕食時の接見の可能性等を検討することもなく、翌日に接見を指定している。本問では、夕食時等に短時間であれば接見が可能であったと思われる。したがって、Pの措置は、「不当に制限」する場合にあたる。

5 以上より、Pの措置は39条3項ただし書に反し、違法である。

以上

Ⅱ　公訴の提起

第10問

以下の事例における，検察官の公訴提起の適法性について，論じなさい。

(1) ①甲がAの自宅に侵入した上で，Aを殺害し，金品を窃取したという事案において，②立証が容易であるにもかかわらず，住居侵入罪は起訴せずに，殺人と窃盗の併合罪として，起訴した場合。

(2) ③Bの暴行によって全治3週間の怪我を負った乙が，加害者Bの自宅へ赴き，示談交渉をしている最中に，Bの不誠実な態度に腹を立てて，Bの頭部を平手で1回殴打した事件において，④Bの傷害については不起訴にしたにもかかわらず，乙を暴行罪で起訴した場合。

(3) ⑤丙に対する収賄被疑事件において，容疑を否認している丙に対して，警察官が，違法に胸ぐらをつかみ，腹部を複数回殴打するなどして，自白を強要し，これによって丙が供述した自白調書をもとに，丙を収賄罪で起訴した場合。

出題論点

- 一罪の一部起訴 …… B
- 公訴権濫用論 …… C

問題処理のポイント

本問は，公訴公判の分野から，公訴提起の適法性を問う小問集合型の問題です。

一般に，検察官の起訴裁量は広汎であるものの，その裁量にも合理的な限界があるとされています。各設問を通じて，その限界をどのように設定するのかを確認しておきましょう。

なお，小問(1)については，第20問でも同様の事案を取り扱っています。そこでは，訴因外事実をどこまで考慮し得るのか，という点が問題となっていることに着目してみてください。

■ 答案作成の過程

1 小問⑴について

1 一罪の一部起訴

一罪の一部起訴の可否に関して，判例は，検察官は，事案の軽重，立証の難易等諸般の事情を考慮し，一罪の一部を起訴することも可能であるとしています（最決昭59.1.27，最大判平15.4.23【百選39】。ただし，両判例が，一罪の一部起訴をダイレクトに問題としたものではない点に留意してください。ここでは踏み込みませんが，端的にいえば訴因外事実をどこまで考慮することができるか否かが問題となっていました）。

もっとも，そのような一部起訴も裁量権の範囲内で行われるべきであると解されています（最判平4.9.18）。

その合理的な裁量を逸脱した場合には，公訴棄却（338条４号）すべきであるとする立場が通説ですが，本来はより広い犯罪事実で起訴すべきだったことになるので，検察官に対して訴因に関する釈明を求めると共に，訴因変更の勧告や命令（312条２項）を行うべきであるとする立場もあります。

2 本問へのあてはめ

本問では，①甲がAの自宅に侵入した上で，Aを殺害し，金品を窃取したという事案ですので，住居侵入部分をかすがいとして，殺人罪と窃盗罪が全体として科刑上一罪となります（かすがい現象）。この住居侵入部分を「呑んで」（落として）起訴した結果，②殺人罪と窃盗罪は，併合罪関係となっています。

このような起訴は被告人にとって不利益となる（処断刑に不均衡が生じる）ことから，検察官の起訴裁量を逸脱し，違法であり，公訴棄却をすべきであるとの見解もあります。特に，本問では，立証が容易であるにもかかわらず，住居侵入部分を「呑んで」起訴しており，その理由はよく分かりません。

もっとも，小問⑵でみるように，本小問とは事案が異なるものの，判例は，公訴提起が違法となる場合を非常に限定的に捉えていること，かすがい部分を起訴しないで，併合罪として起訴することは，実務上異論のないところとされており，裁判所もこれを詮索することはないこと，処断刑に不均衡が生じるのが問題なのであれば，本案判断の中でその点を考慮して，併合罪加重される前の処断刑を前提に宣告刑を考えれば足りること（東京高判平17.12.18参照）から，かすがいを外すことであえて処断刑を重くしようとするような不当な意図がある場合は別として，原則として裁量権の逸脱ということにはならないと見るべきでしょう。

この問題は，単に殺人と窃盗を犯すよりも，住居侵入をした上で殺人と窃盗を犯した方が罪が軽くなるという，かすがい現象理論そのものに内在する実体法上の問題であると整理すべきように思われます。

2 小問(2)について

1 起訴猶予相当の起訴

本小問の素材とした最決昭55.12.17【百選38】（以下，「昭和55年決定」といいます）は，起訴猶予相当の起訴について，「検察官の裁量権の逸脱が公訴の提起を無効ならしめる場合のありうることを否定することはできないが，それはたとえば公訴の提起自体が職務犯罪を構成するような極限的な場合に限られるものというべきである。」（下線部は筆者）としています。

2 本小問へのあてはめ

本小問では，③④重い加害者Bの傷害については不起訴にしたにもかかわらず，軽い被害者乙の暴行罪を起訴している点が問題とされています。

この点について，昭和55年決定は，「審判の対象とされていない他の被疑事件についての公訴権の発動の当否を軽々に論定することは許されないのであり，他の被疑事件についての公訴権の発動の状況との対比などを理由にして本件公訴提起が著しく不当であつたとする原審の認定判断は，ただちに肯認することができない。」とし，公訴提起を不適法とした原審を違法としています。

本小問でも，昭和55年決定に従えば，公訴提起は適法となります。

なお，昭和55年決定では，憲法14条1項違反の有無も問題とされていましたが，判例はこの点に正面から応えていません。

3 小問(3)について

1 違法な捜査に基づく起訴

学説上は，⑤違法捜査に基づく起訴は，著しい違法の認められる捜査に基づいて提起された公訴は棄却されるべきであるとする立場がありますが，最判昭41.7.21【百選A15】は，「本件逮捕の手続に所論の違法があったとしても本件公訴提起の手続が憲法31条に違反し無効となるものとはいえないことは，当裁判所の判例……の趣旨に徴し明らかである」として，この点を明確に否定しています。

2 本問へのあてはめ

本問でも，判例に従う限り，公訴提起が違法であるとして，公訴棄却されることはありません。

■答案構成

第1　小問(1)について

1　一罪の一部起訴

2　検察官は事案の軽重，立証の難易等を考慮して，訴因を事実の一部に限定した一部起訴を行うことも可能だが，合理的裁量の範囲になければならない

3　あてはめ

第2　小問(2)について

1　起訴猶予相当の起訴

2　公訴の提起自体が職務犯罪を構成するような極限的な場合に限り，公訴提起が違法となり，公訴棄却の対象となる

3　あてはめ

第3　小問(3)について

1　違法捜査に基づく起訴

2　起訴は違法とならない

□解答例

第１　小問(1)　←小問(1)について

1　本件で，窃盗罪と殺人罪は住居侵入罪を「かすがい」として，全体として科刑上一罪の関係にある（刑法54条１項後段）。

検察官は，住居侵入罪は起訴せずに，殺人と窃盗の併合罪として，起訴しているが，かかる起訴は許されるか。　←一罪の一部起訴

2　刑事手続では検察官処分権主義（247条）が妥当し，裁判所は検察官が設定した訴因に拘束される。また，検察官は罪の一部について起訴猶予（248条）にすることができるとされている。このことに対応し，検察官は事案の軽重，立証の難易等を考慮して，訴因を事実の一部に限定した一部起訴を行うことも可能であるというべきである。　←論証

もっとも，これにも合理的限界があり，いわゆるかすがい外しによって科刑を重くしようとする場合は，濫用的起訴として公訴棄却されるべきである（338条４号，刑事訴訟規則１条２項）と解する。

3　本件でも，検察官はかすがいたる住居侵入の立証が容易であるにもかかわらず，かすがい外しをしている。これが上記のような濫用的意図に基づく場合には，濫用的起訴として公訴棄却されるべきであるが，そのような意図がない場合には，公訴提起は適法である。　←あてはめ

第２　小問(2)　←小問(2)について

1　本件で，乙はＢの傷害事件の被害者であり，また，同事件に関するＢの態度に腹を立ててＢの頭を一回殴打したにすぎないので，起訴猶予が相当であると考えられる。また，検察官はより重いＢの上記傷害被疑事件については不起訴としており，不平等（憲法14条参照）であるとも考えられる。　←起訴猶予相当の起訴

2　もっとも，起訴不起訴の判断について，検察官には広範な裁量が認められる以上，原則として，あえて起訴猶予相当の場合に起訴がされた場合も公訴棄却すべきではない。また，審判の対象とされていない他の被疑事件についての公訴権の発動の当否を軽々に論定することは許されないと解すべきである。　←論証

とはいえ，起訴不起訴にかかる検察官の裁量権の行使には，種々の考慮事項が列挙されており（248条），検察官は公益の代表者として公訴権を行使すべきものとされているから，権限の濫用は許されない。

その意味で，公訴棄却があり得なくはない。具体的には，公訴の提起自体が職務犯罪を構成するような極限的な場合に限り，公訴提起が違法となり，公訴棄却の対象となると解する。

3　本件は，確かに上記のように起訴猶予が相当であり，Ｂの傷害事件との関係では不平等である（憲法14条参照）とも思われるが，公訴の提起自体が職務犯罪を構成するような極限的な場合であるという事情は認められないから，公訴提起は　←あてはめ

適法である。

第３　小問(3)

１　本件では，丙に対して暴力による自白の強要が行われており，違法な捜査が行われている。

２　では，このような違法捜査後の起訴は適法か。

捜査と公訴提起は別の段階における行為であるし，検察官の訴追裁量は広汎である。また，実際上は訴訟遅延目的に供される可能性があるから，違法捜査を理由に起訴できないとする理論は否定的に解すべきである。

したがって，公訴提起自体は適法である。

以　上

←小問(3)について

←違法捜査に基づく起訴

←論証

● 合格者の問題メモ

以下の事例における，検察官の公訴提起の適法性について，論じなさい。

(1)　甲がAの自宅に侵入した上で，Aを殺害し，金品を窃取したという事案において，立証が容易であるにもかかわらず，住居侵入罪は起訴せずに，殺人と窃盗の併合罪として，起訴した場合。

(2)　Bの暴行によって全治３週間の怪我を負った乙が，加害者Bの自宅へ赴き，示談交渉をしている最中に，Bの不誠実な態度に腹を立てて，Bの頭部を平手で１回殴打した事件において，Bの傷害については不起訴にしたにもかかわらず，乙を暴行罪で起訴した場合。

(3)　丙に対する収賄被疑事件において，容疑を否認している丙に対して，警察官が，違法に胸ぐらをつかみ，腹部を複数回殴打するなどして，自白を強要し，これによって丙が供述した自白調書をもとに，丙を収賄罪で起訴した場合。

● 合格者の答案構成

(1) かすがいはずし
起訴便宜主義（248条）との関係

(2) 公訴権濫用論（規則1条2項，法338条4項）
→公訴提起自体が職務犯罪を構成するような
場合のみ．

(3) 違法捜査と公訴提起との関係
別個の手続だが，適正手続（31条）の見地から違法
とすべきではないか．しかし，真実発見や刑罰権の実現（1条）
の要請．

合格者の答案例

1　小問(1)について

本問のように、住居侵入罪（刑法130条前段）と殺人罪（刑法199条）及び窃盗罪（235条）がともに牽連犯（刑法54条1項後段）の関係にあり、全体として科刑上一罪の関係にある事件を、あえて住居侵入罪を起訴せず、殺人と窃盗の併合罪（刑法45条）として公訴提起することは適法か。検察官処分権主義（248条）との関係で問題となる。

(1)　法は、検察官に公訴権を独占させるとともに（247条）、公訴提起に関して検察官に広範な裁量を与えている（248条）。したがって、情状や被疑者の態度、事件の軽重、立証の困難性等を考慮し、一罪の一部のみを起訴することも、原則として適法である。

もっとも、検察官の裁量も無制約ではなく、真実発見や刑罰権の適正な実現（1条）との目的等から制約を受け、権利の濫用は許されない（規則1条2項）。

ここで、いわゆるかすがい現象が生じた場合に、あえてかすがいとなる犯罪を起訴せず、全体として重く処罰しようとする場合は、真実発見や刑罰権の適正な実現の観点から妥当でなく、公益の代表者として検察官に広範な訴追裁量を与えた法の趣旨にも反する。

したがって、かすがいとなる犯罪の立証が困難であるなどの事情がない限り、かすがいを外した公訴提起は、権利の濫用として違法となると解する。

(2)　本問では、かすがいとなる住居侵入罪の立証は容易であった。

よって、検察官の公訴提起は違法である。

2　小問(2)について

Bの比較的重い暴行については公訴提起せず、乙の軽い暴行について暴行罪（刑法208条）で公訴提起することは適法か。乙の暴行については起訴を提起すべきではないとも思われることから問題となる。

(1)　この点、検察官は、起訴猶予が相当なときは公訴提起しないことができる（248条）。もっとも、前述のとおり、検察官には広範な裁量が認められており、公訴を提起すべきか否かの判断も検察官の裁量に委ねられている。したがって、原則として、起訴猶予が相当と思われる犯罪を起訴したとしても違法とはならない。

しかし、権限濫用は許されないのであり（規則1条2項）、真実に合致する場合であっても、権限の濫用が認められる場合は違法とすべきである。

そこで、公訴提起が職務犯罪を構成するような場合は違法となると解する。このように解することは、あまりに限定的とも思えるが、検察官に広範な裁量が認められていることや、公訴提起には専門的判断が必要となることからやむを得ない。

(2)　本問では、乙を起訴したことは、たしかに不当とも思える。しかし、公訴提起が職務犯罪を構成するような場合には当たらない。

したがって、検察官の公訴提起は適法である。

3　小問(3)について

丙に対して、違法な捜査が行われ、違法捜査によって得られた証拠をもとに、丙を起訴しているが、丙への公訴提起は適法か。捜査の違法が公訴提起に影響を及ぼすかが問題となる。

(1)　この点、適正手続（憲法31条）の見地から、違法な捜査をもとに公訴提起がされた場合は、公訴提起も違法とすべきとも思える。

しかし、捜査と公訴提起は別個の手続であって、当事者主義的訴訟構造を採用する現行法（256条6項、298条1項、312条1項等）の下、公訴提起は当事者たる検察官が行う独立の行為である。また、捜査の違法が公訴提起にも影響を与えるとすると、検察官の裁量を不当に制限し妥当でない。

したがって、捜査の違法は公訴提起に影響しないと解する。かく解しても、被告人の保護は違法収集証拠排除の法則等によって図り得る。

(2)　本問では、捜査に違法はあったが、公訴提起には影響を与えないので、検察官の公訴提起は適法である。

以上

第11問

平成25年９月17日，甲県乙市所在の山林で，行方不明となっていた被害者の白骨死体が発見された。被害者の生存が第三者によって最後に確認されたのは，平成25年３月10日夕刻に被害者が被告人及びＡとともに甲県丙市内のビジネスホテルＨに入ったときであることなどから，被告人らの犯行であることが判明し，被告人とＡが平成26年２月15日に逮捕された。

しかし，①被害者の遺体の鑑定の結果，頭蓋冠，頭蓋底骨折等の傷害が存在することは明らかになったが，正確な死因は不明であり，②Ａの捜査段階での供述は，被告人が暴行したとは供述するものの，具体的な犯行態様や共謀関係については変遷を重ねており，客観的な遺体の傷害結果と合致しなかった。また，③被告人は，被害者と会ったことは認めるものの，犯行を否認していた。

そこで，検察官は，「被告人は，④単独又はＡと共謀の上，平成25年３月10日午後８時30分ころ，甲県丙市所在のビジネスホテルＨ302号室において，被害者に対し，⑤その頭部等に手段不明の暴行を加え，頭蓋冠，頭蓋底骨折等の傷害を負わせ，よって，そのころ，同所において，⑥頭蓋冠，頭蓋底骨折に基づく外傷性脳障害又は何らかの傷害により死亡させた。」という傷害致死の訴因で起訴した。

かかる起訴は適法か。

出題論点

・訴因の特定……………………………………………………………………………A

問題処理のポイント

本問は，最決平14.7.18（以下「平成14年決定」といいます）を素材とし，訴因の特定に関する理解を問うものです。訴因制度に関しては，その機能と関連して，識別説と防御権説の大きな対立があり，これが訴因の特定の程度，訴因変更の要否（これについては第12問で扱います）など，訴因論の様々な箇所に顔を出します。

訴因論を答案で表現する場合には，訴因制度の機能についての理解を示し，いずれの機能を重視すべきなのか，そこからどのような基準が導かれるのか，という点を意識しつつ，最高裁判例の立場を踏まえた論述をすることが重要です。

■ 答案作成の過程

1 訴因の特定の程度

1 訴因の機能

本問では，⑤⑥訴因において暴行態様や傷害の内容，死因について概括的な記載がなされていますので，訴因の特定の程度として十分か否かを検討する必要があります。

256条３項は，同条２項２号で起訴状の記載事項とされる「公訴事実」について，「公訴事実は，訴因を明示してこれを記載しなければならない。訴因を明示するには，できる限り日時，場所及び方法を以て罪となるべき事実を特定してこれをしなければならない。」と規定しています。

その趣旨について，判例は，「裁判所に対し審判の対象を限定するとともに，被告人に対し防禦の範囲を示すことを目的とする」（下線部は筆者）としています（最大判昭37.11.28【百選A17】)。訴因の特定に関する限界は，この訴因の機能から明らかにされるべきものであると一般的に理解されています。

2 識別説と防御権説

裁判所に対し審判の対象を限定するという機能（審判対象画定機能）を重視する見解を識別説といい，被告人に対し防御の範囲を示すという機能（防御権告知機能）を重視する見解を防御権説といいます。裁判実務は，一般に識別説に立つと言われています。

識別説からは，訴因の特定の程度としては，他の犯罪事実と区別（識別）し得る程度に記載することを要し，かつ，これをもって足りるとされています。256条３項の「罪となるべき事実」として，この程度の事実の記載で足りるとする立場ということができます。

もちろん，識別説も，被告人の防御について考慮していないわけではありません。訴因により被告人に対して防御の範囲が示されることは，裁判所との関係で審判対象が確定されることの「裏返し」であると理解されているのです。識別説は，審判対象の明示によって，自動的に被告人の防御の範囲が定まり，訴因の機能との関係で言えば，被告人の防御は独立して観念する必要がないと整理する見解であると言うことができるでしょう。

3 識別説からの処理

⑴ もっとも，識別説の立場に立った場合には，例えば「被告人はAを殺した」との訴因でも，人の死の結果は論理的に１回しか生じ得ない以上，「他の犯罪事実との識別」の観点からは十分であって，訴因の特定に欠けるところがないと解することができそうです。

しかし，このような訴因では，殺人なのか傷害致死なのか，あるいは過失致死なのか，被告人の行為がどの構成要件に該当するのか分かりません。そうすると，訴因の特定は，「他の犯罪事実との識別」という観点だけでは，不十分なのではないかという疑問が生じてきます。

そこで，近時は，識別説の立場からも，刑罰法令の構成要件に該当する具体的な事実も「罪となるべき事実」として要求されているとする立場が有力です。

(2) 一方で，識別説の立場からは，犯罪の日時・場所・方法等については，必ずしも厳格に要求されるわけではありません。最大判昭37.11.28【百選A17】は，密出国の訴因につき，日時について幅のある記載をするとともに，場所，方法については明示しない記載をすることが訴因の特定に反しないかが問題となった事案において，外交関係のない国への密出国事件では出国の具体的顚末を確認することができない「特殊事情」があるから，「たとえその出国の日時，場所及び方法を詳しく具体的に表示しなくても，……本件公訴が裁判所に対し審判を求めようとする対象は，おのずから明らかであり，被告人の防禦の範囲もおのずから限定されているというべきである」として，訴因の特定に欠けるところはないとしています。

この「特殊事情」の理解の仕方については，以降の判例が「特殊事情」という文言を用いていない（最決昭56.4.25【百選43】や平成14年決定は，「検察官において起訴当時の証拠に基づきできる限り特定したものである以上」という表現を用いています）ことも相まって議論がありますが，犯罪類型自体から日時・場所・方法等を明らかにできない場合はもとより，証拠収集の困難性等の理由によりこれらを明らかにできないような場合も含む概念であると解されており，以降の判例も黙示的に「特殊事情」を踏襲しているという理解が一般的です。

したがって，特殊事情がある場合には，犯罪の日時・場所・方法等の記載の厳格度が下がると考えてよいでしょう。

(3) 以上をまとめると，答案では，「罪となるべき事実」として，刑罰法令の構成要件に該当する具体的な事実かつ他の犯罪事実と区別（識別）し得る程度の事実が記載されているか否かを論じ，日時・場所・方法等が概括的に記載されている場合には，「特殊事情」があるかどうかを検討する必要があります。

2 本問事案の検討

1 他の犯罪事実との識別・傷害致死罪の構成要件（刑法205条）該当性

まず，本問事案では，他の犯罪事実との識別の観点はほとんど問題とならないと考えてよいでしょう。特定の被害者の死亡は，論理的に１回限りのものだからです。

また被告人が被害者の頭部に暴行を加えたこと，この暴行によって死因が形成されたことは，訴因から明らかと言ってよいでしょうから，被告人の行為が傷害致死罪の構成要件（刑法205条）に該当するものであることも十分に認識可能です。

2　特殊事情

さらに，本問事案においては，①証拠上正確な死因は特定できず，②Aの捜査段階での供述は，具体的な犯行態様や共謀関係については変遷を重ねており，客観的な遺体の傷害結果と合致していません。また，③被告人は，被害者と会ったことは認めるものの，犯行を否認しています。

これらの事情からすると，暴行態様や傷害の内容，死因について不明瞭な領域が残らざるを得なかったのですから，「特殊事情」の存在も肯定することができます。

3　結論

以上から，問題文記載の訴因は特定されているといえ，本問起訴は適法であると考えることができます。

本問の素材とした，平成14年決定も，「被害者に致死的な暴行が加えられたことは明らかであるものの，暴行態様や傷害の内容，死因等については十分な供述等が得られず，不明瞭な領域が残っていたというのである。そうすると，……訴因は，暴行態様，傷害の内容，死因等の表示が概括的なものであるにとどまるが，検察官において，当時の証拠に基づき，できる限り日時，場所，方法等をもって傷害致死の罪となるべき事実を特定して訴因を明示したものと認められるから，訴因の特定に欠けるところはないというべきである」として，訴因の特定を認めています。

なお，訴因中④「単独又はAと共謀の上」と記載されている部分については，択一的に訴因を掲げる趣旨であると解されます。択一的な訴因であれば，殊更特定を問題とする必要はありません（256条5項）。

本問の素材とした平成14年決定も，この点を特に問題とすることなく，択一的な訴因であると解しています。

答案構成

1　256条3項

↓

概括的な記載の問題点

↓

共謀の点については，択一的な訴因と解釈

↓

2　識別説

↓

3　あてはめ

↓

4　起訴は適法

□解答例

1　起訴状に記載すべき公訴事実（256条２項２号）は，訴因を明示して記載しなければならない（256条３項前段）。そして，訴因を明示するには，日時，場所，方法により罪となるべき事実を特定しなければならない（同項後段）。

←問題となる条文の指摘

本件起訴状の訴因は「手段不明の暴行」，「外傷性脳障害又は何らかの傷害」と記載されており，犯行方法，犯行の結果についての記載が概括的になされているから，特定に欠けるのではないか。

←概括的な記載となっている旨の指摘

なお，「被告人は，単独又はAと共謀の上」と単独犯か共同正犯かが択一的に記載されている点については，択一的な訴因として理解すべきである（256条５項）。

←この点は，択一的な訴因と解釈し，論点化しませんでした

2　訴因特定の趣旨は，裁判所に対して審判対象を明確にする（審判対象画定機能）とともに，被告人の防御の範囲を示す（防御権告知機能）点にある。

←論証

もっとも，訴因は第一次的には裁判所に対して審判対象を明確にする点にその趣旨があり，かつ，被告人の防御は釈明等起訴状提出以後の手続の過程で柔軟に対応すれば十分であるから，他の犯罪事実との識別が可能な程度に特定されていれば足りると解する。

そうだとすれば，犯罪の種類，性質等により証拠によって明らかにし得る事実に限界がある等の事情（特殊事情）があるため，日時，場所，方法や構成要件要素の一部につき概括的記載にとどめざるを得なかった場合であっても，被告人の行為が特定の構成要件事実に該当し，他の犯罪事実と区別される程度に特定されているのであれば，検察官において起訴当時の証拠に基づき，できる限り特定したものである以上，訴因の特定に欠けるところはないというべきである。

3(1)　本問では，証拠上，正確な死因を特定できないばかりか，目撃者も特におらず，Aの供述も，具体的な犯行態様や共謀関係については変遷を重ねていて，客観的な事実とは合致しないなど信用性に欠ける。また，被告人は犯行を否認している。

←あてはめ
特殊事情の存在

このような状況の下では，犯行の方法や，犯行の結果を証拠によって明らかにし，訴因として詳細に記載することは難しいといえる。

したがって，犯罪の種類，性質等により証拠によって明らかにし得る事実に限界がある等の事情（特殊事情）がある。

(2)　次に，傷害の内容や因果関係は傷害致死罪における構成要件要素であるから，この点について概括的な表示をすれば，訴因の特定に欠けるようにも思われる。

しかし，傷害罪の傷害は犯行の結果そのものであるのに対して，傷害致死罪の傷害は，死に至るまでの因果の一過程の性質が強い。

そして，傷害致死罪の場合，被害者を死亡させる行為は1回しかあり得ないから，他の犯罪事実との識別はほとんど問題とならず，被害者の表示や犯行の日時・場所・方法・結果（被害者の死亡）の表示と相まって，当該行為が傷害致死罪の構成要件に該当するものであると認識することができれば，犯行方法，犯行の結果に関する概括的記載は許容されるというべきである。

←他の犯罪事実との識別が問題とならない旨の指摘

本問では，訴因において，日時，場所が特定されているだけでなく，被告人が被害者の頭部に暴行を加え，この暴行によって死因が形成されたことは訴因から明らかであるから，当該行為が傷害致死罪の構成要件に該当するものであると認識することができる。

←傷害致死罪の構成要件に該当する程度の特定性は認められる旨の指摘

4　以上より，犯行方法，犯行の結果についての記載が概括的になされていたとしても，訴因の特定に欠けるところはなく，本件の起訴は適法である。

以　上

● 合格者の問題メモ

平成２５年９月１７日，甲県乙市所在の山林で，行方不明となっていた被害者の白骨死体が発見された。被害者の生存が第三者によって最後に確認されたのは，平成２５年３月１０日夕刻に被害者が被告人及びＡとともに甲県丙市内のビジネスホテルＨに入ったときであることなどから，被告人らの犯行であることが判明し，被告人とＡが平成２６年２月１５日に逮捕された。

しかし，被害者の遺体の鑑定の結果，頭蓋冠，頭蓋底骨折等の傷害が存在することは明らかになったが，正確な死因は不明であり，Ａの捜査段階での供述は，被告人が暴行したとは供述するものの，具体的な犯行態様や共謀関係については変遷を重ねており，客観的な遺体の傷害結果と合致しなかった。また，被告人は，被害者と会ったことは認めるものの，犯行を否認していた。

そこで，検察官は，「被告人は，単独又はＡと共謀の上，平成２５年３月１０日午後８時３０分ころ，甲県丙市所在のビジネスホテルＨ３０２号室において，被害者に対し，その頭部等に手段不明の暴行を加え，頭蓋冠，頭蓋底骨折等の傷害を負わせ，よって，そのころ，同所において，頭蓋冠，頭蓋底骨折に基づく外傷性脳障害又は何らかの傷害により死亡させた。」という傷害致死の訴因で起訴した。

かかる起訴は適法か。

● 合格者の答案構成

起訴の適法性

→「罪となるべき事実」の特定がされているか（256Ⅲ）。

→特定の趣旨 ①審判対象画定 ②防御権保障

→もっても、常に厳格に特定できるわけではない

→①特殊事情があり ②特定の趣旨に反しなければ

概括的でもよい、「できる限り」としている。

※他の犯罪事実からの識別はできる（人の死は1回）

構成要件該当性が判定できるか。

合格者の答案例

1　検察官の起訴の適法性は、訴因の特定（256条3項）との関係が問題となる。訴因は、「罪となるべき事実」を特定して明示しなければならないところ、本問では、共謀の有無が択一的に記載され、暴行の態様や死因が概括的に記載されている。このような場合でも、訴因の特定がなされているといえるか、どの程度まで特定する必要があるか問題となる。

この点、訴因の特定が要求される趣旨は、裁判所に対し審判対象を画定し、被告人に対し防御権の範囲を告知する点にある。もっとも、訴因の第一次的機能は審判対象の画定にあり、被告人への告知機能は、審判対象が画定されていれば公訴提起後の釈明等（規則208条）によって対応することにより果たすことができる。そこで、訴因の特定は、*他の犯罪事実から識別でき、構成要件該当性が判定できれば、特定されているといえると解する。

また、訴因特定の趣旨からは、厳格に特定されていることが望ましいが、必ずしも*常に厳格に特定できるわけではなく、厳格に特定しなければ起訴できないとすると、検察官にとって酷であり、妥当でない。この点については、法も「できる限り」としており、厳格に特定できないことも予定している。

そこで、訴因に択一的な記載や概括的な記載がされている場合であっても①厳格に特定できない特殊事情があり、訴因の記載から②他の犯罪事実から識別でき、構成要件該当性が判定できるのであれば、訴因特定の趣旨に反するものではなく、訴因の特定は認められると解する。

2　本問において、訴因の特定は認められるか。

(1)　本問は、傷害致死事件であるが、被害者の死体が発見されたのは事件から約半年後であり、既に被害者の死体は白骨化していた。そうすると遺体の鑑定の実効性も限られており、死因や暴行の手段・態様を明らかにすることは困難である。また、被告人やAへの取調べでも、具体的な犯行態様や共謀関係については変遷を重ねており、客観的な証拠とも合致しないなど、取調べも功を奏しなかった。共謀の有無は、被告らの自白に頼らざるを得ないことも多く、これらの事情からすると、暴行の態様や死因、共謀について厳格に特定できない特殊事情があったと認められる。(①充足)

(2)　他の犯罪事実との識別については、傷害致死事件の場合は、被害者の死は論理的に1回しかない以上、問題ない。

次に、構成要件該当性についてであるが、手段不明の暴行と概括的に記載されているものの、「頭部等」への暴行と記載されていることから、傷害致死罪の実行行為該当性は判定できる。また、死因についても概括的に記載されているが、被告人の傷害行為から死因が形成され、死の結果が生じたことは記載から読みとれるので、因果関係についても判定できる。

一方、共謀の有無については、単独犯か共同正犯かで構成要件が異なるので、構成要件該当性が判定できないとも思える。しかし、本問では、被告人が実行行為者であるので、共謀の有無は被告人の傷害致死罪の成立に影響しない。そうすると、構成要件の基本形式である傷害致死罪に該当することが判定できるのであれば、共謀の有無を択一的に記載した場合であっても、構成要件性の判定に問題はない。したがって、他の犯罪事実から識別でき、構成要件該当性が判定できるといえる（①充足）。

3　以上より、訴因の特定に欠けることはなく、起訴は適法である。

以上

第12問

甲は，乙らと共謀の上，乙の知人らの居宅に火災保険をかけて放火し，保険金を騙取するなどし，その後，口封じのため，乙らと共謀の上，Ｖを殺害し，その死体を遺棄したとして，殺人，死体遺棄，現住建造物放火，詐欺の罪で起訴された。

このうち①殺人罪の訴因は，「甲は，乙と共謀の上，平成28年７月24日ころ，東京都Ｗ区内の産業廃棄物最終処分場付近道路に停車中の普通乗用自動車内で，殺意をもって，甲において，Ｖに対し，その頸部をベルト様のもので絞めつけ，よって，その頃，同所で，Ｖを窒息死させたものである。」というものであった。

公判において，②甲は，共謀の存在と実行行為への関与を否定して無罪を主張し，その点に関する証拠調べが実施された。③裁判所は，審理の結果，「甲は，乙と共謀の上，平成28年７月24日午後８時ころから翌25日未明までの間に，東京都Ｗ区内又はその周辺に停車中の自動車内において，甲又は乙あるいはその両名において，扼殺，絞殺又はこれに類する方法でＶを殺害した。」との事実を認定して甲を有罪とした。

④裁判所が「甲又は乙あるいはその両名」と認定した点について，⑤この場合の手続及び⑥判決内容における問題点について論ぜよ。

出題論点

・訴因変更の要否……………………………………………………………………A
・択一的認定…………………………………………………………………………A

問題処理のポイント

本問は，訴因変更の要否及び択一的認定についての理解を問う問題です。最決平13.4.11【百選45】（以下，「平成13年決定」といいます）の事案がアレンジされており，かなり難易度の高い問題です。

訴因変更の要否については，平成13年決定が最重要判例になりますので，まずは同決定が示した判断基準をしっかりと答案に示すことができるように学習してください。さらに，平成13年決定が訴因制度についてどのような考え方に立っているのか，その考え方と平成13年決定の判断基準がどのような関係に立つのか，そこまで論述できれば尚良しです。

■ 答案作成の過程

1 手続における問題点

1 問題の所在

本問では，①実行行為者を甲であるとする訴因において，訴因変更手続きを経ることなく，③④「甲又はAあるいはその両名」と認定した点について，訴因逸脱認定ではないかという問題があります（378条3号参照）。なお，訴因では，①「その頸部をベルト様のもので絞めつけ」とされている一方で，③認定事実では，「扼殺，絞殺又はこれに類する方法で」とされている点についても，同様に問題となり得ますが，問題文では，④裁判所が「甲又は乙あるいはその両名」と認定した点についてとされていますので，この点は問題とする必要がありません。

そこで，以下，訴因変更の要否の判断基準と本問へのあてはめを検討していきましょう。

2 訴因変更の要否の判断基準

まず，現在の学説において，審判対象が訴因であることを前提として，事実に重要なあるいは実質的な差異が生じた場合に訴因変更が必要であると解する事実記載説に立つことには見解の一致があります。

その上で，事実記載説からどのような場合に「重要な」あるいは「実質的な」差異が生じたといえるのか，検討する必要があります。これがいわゆる訴因変更の要否と呼ばれる問題です。

この点については，抽象的防御説と具体的防御説の対立があったのですが，そのような中で平成13年決定が，以下のように判示し，「防御」ではなく，審判対象の画定に重点を置いた判断基準を示しました。

「殺人罪の共同正犯の訴因としては，その実行行為者がだれであるかが明示されていないからといって，それだけで直ちに訴因の記載として罪となるべき事実の特定に欠けるものとはいえないと考えられるから，訴因において実行行為者が明示された場合にそれと異なる認定をするとしても，審判対象の画定という見地からは，訴因変更が必要となるとはいえないものと解される。とはいえ，実行行為者がだれであるかは，一般的に，被告人の防御にとって重要な事項であるから，当該訴因の成否について争いがある場合等においては，争点の明確化などのため，検察官において実行行為者を明示するのが望ましいということができ，検察官が訴因においてその実行行為者の明示をした以上，判決においてそれと実質的に異なる認定をするには，原則として，訴因変更手続を要するものと解するのが相当である。しかしながら，実行行為者の明示は，前記のとおり訴因の記載として不可欠な事項ではないから，少なくとも，被告人の防御の具体的な状況等の審理の経過に照らし，被告人に不意打ちを与えるものではないと認められ，かつ，判決で認定される事実が訴因に記載された事実と比べて被告人にとってより不利益であるとはいえない場合には，例外的に，訴因変更手続を経ることなく訴因と異なる実行行為者を認定することも違法ではないものと解すべきである。」

この判断基準を一般化・抽象化して整理すると，次の３つを抽出することができます。

(a)　審判対象画定のために不可欠な事項（＝訴因の記載として不可欠な事項）であれば，訴因変更が必要
(b)　(a)に当たらなくとも，一般的に被告人の防御にとって重要な事項（であって，訴因に上程された場合）には，原則として訴因変更が必要
(c)　(b)の場合でも，具体的な審理経過から，被告人に不意打ちを与えず，かつ認定が訴因より不利益といえない場合には，例外的に訴因変更不要

この判断基準がそれぞれどのような意味を持つのかについては，学説上様々な議論がありますが，解答例では，識別説（同説については，**第11問**の解説参照）を前提として，(a)は訴因制度の観点から導き出される判断基準であり，(b)及び(c)は，訴因制度とは離れた争点明確化＝不意打ち防止の観点から導き出される判断基準であると理解する立場に立っています（さらに，(c)の判断基準のうち，「かつ」で繋がれていることの意味などについても議論がありますが，ここでは立ち入りません。各自の教科書・テキスト等で確認しておいてください）。

3　設問の分析

(1)　(a)の基準

まず，(a)の基準から訴因変更が必要とされるかどうかです。ちなみに，(a)の基準から訴因変更が必要とされる場合には，被告人の防御を云々するまでもなく，常に訴因変更手続を要することに注意してください。

平成13年決定は，本問と同様の事案において，上記のように，「殺人罪の共同正犯の訴因としては，その実行行為者がだれであるかが明示されていないからといって，それだけで直ちに訴因の記載として罪となるべき事実の特定に欠けるものとはいえないと考えられるから，訴因において実行行為者が明示された場合にそれと異なる認定をするとしても，審判対象の画定という見地からは，訴因変更が必要となるとはいえない」と判断しました。

したがって，平成13年決定によれば，(a)の基準から訴因変更が必要とされるわけではありません。

(2)　(b)及びＣの基準

ア　(b)の基準

次に，(b)の基準に該当するかどうかですが，平成13年決定は，上記のように，「実行行為者がだれであるかは，一般的に，被告人の防御にとって重要な事項であるから，当該訴因の成否について争いがある場合等においては，争点の明確化などのため，検察官において実行行為者を明示するのが望まし

いということができ，検察官が訴因においてその実行行為者の明示をした以上，判決においてそれと実質的に異なる認定をするには，原則として，訴因変更手続を要する」としています。

したがって，平成13年決定によれば，原則として訴因変更が必要となります。

イ (c)の基準

もっとも，(c)の基準に該当すれば，例外的に訴因変更が不要となります。

この点について，平成13年決定は次のように判示しています。

「第一審公判においては，当初から，被告人とＡとの間で被害者を殺害する旨の共謀が事前に成立していたか，両名のうち殺害行為を行った者がだれかという点が主要な争点となり，多数回の公判を重ねて証拠調べが行われた。その間，被告人は，Ａとの共謀も実行行為への関与も否定したが，Ａは，被告人との共謀を認めて被告人が実行行為を担当した旨証言し，被告人とＡの両名で実行行為を行った旨の被告人の捜査段階における自白調書も取り調べられた。弁護人は，Ａの証言及び被告人の自白調書の信用性等を争い，特に，Ａの証言については，自己の責任を被告人に転嫁しようとするものであるなどと主張した。審理の結果，第一審裁判所は，被告人とＡとの間で事前に共謀が成立していたと認め，その点では被告人の主張を排斥したものの，実行行為者については，被告人の主張を一部容れ，検察官の主張した被告人のみが実行行為者である旨を認定するに足りないとし，その結果，実行行為者がＡのみである可能性を含む前記のような択一的認定をするにとどめた。

以上によれば，第一審判決の認定は，被告人に不意打ちを与えるものとはいえず，かつ，訴因に比べて被告人にとってより不利益なものとはいえないから，実行行為者につき変更後の訴因で特定された者と異なる認定をするに当たって，更に訴因変更手続を経なかったことが違法であるとはいえない。」

本問でも，同様の結論を取ることができるでしょう。

すなわち，裁判所は，③④実行行為者について「甲又は乙あるいはその両名において」と認定しており，①これは実行行為者が甲であるとする訴因事実より「不利益なもの」とは言えません。

そして，甲は，②共謀の存在と実行行為への関与を否定して無罪を主張しているのですから，実行行為者が誰かという点について十分に争うことができていたと考えられます。したがって，「不意打ちを与えるもの」とも言えません。

(3) 結論

以上から，訴因変更手続きを取らなかった点について，違法はありません。

2 判決内容における問題点

1 問題の所在

本問では，上記のように，③④実行行為者が「甲又は乙あるいはその両名において」と択一的に認定されています。そこで，⑥このような判決が適法か，いわゆる択一的認定の可否が問題となります。

2 択一的認定の種類

択一的認定については，概括的認定，予備的認定，選択的認定などが，文献ごとに異なる文脈によって用いられていることもあり，整理が難しい分野ですが，ここでは，択一的な関係にあるA事実とB事実が同一構成要件の中にある場合(類型①)，A事実とB事実が構成要件を異にしていても，両者の間に包摂関係がある場合(類型②)，構成要件を異にするA事実とB事実が包摂関係にもない場合(類型③)の3つの類型を前提とすることにします（各類型にどのような事案が含まれるのかという点は，各自の教科書やテキスト等で確認しておいてください)。

類型③については学説上激しい対立がありますが，類型①・②については択一的認定や軽い限度での犯罪事実の認定をすることができると考えるのが一般的です。

なお，択一的認定を何条の問題と捉えるかについても学説上議論があります。この点については，333条（1項）の「犯罪の証明があつたとき」の問題であると捉える見解と，335条1項の「罪となるべき事実」の問題であると捉える見解があります。

後掲の平成13年決定の判示内容からすると，判例は後者の見解によっているように思われます。

3 本問の処理

本問は，③④実行行為者の認定が択一的になされている事案ですから，類型①に該当します。

したがって，択一的認定をすることができ，この点でも違法はないことになります。

平成13年決定も，問題となった判示内容は，「実行行為者が『A又は被告人あるいはその両名』という択一的なものであるにとどまるが，その事件が被告人とAの2名の共謀による犯行であるというのであるから，この程度の判示であっても，殺人罪の構成要件に該当すべき具体的事実を，それが構成要件に該当するかどうかを判定するに足りる程度に具体的に明らかにしているものというべきであって，罪となるべき事実の判示として不十分とはいえないものと解される。」としています。

以上から，実行行為者を択一的に認定した点についても，違法はないということになります。

■ 答案構成

第１　手続における問題点

１　訴因事実と認定事実とでは，実行行為者を示す具体的事実が変動している

→訴因逸脱認定であって，不告不理原則（378③）との関係で違法ではないか

２　訴因対象説

事実記載説

識別説

・審判対象画定のために不可欠な事実が変動した場合

→訴因変更必要

・それ以外の事項の変動については，訴因に上程され，その事実の変更によって

→一般的に被告人の防御に不利益が生ずるような場合

→訴因変更必要

・被告人にとって不意打ちとならず，かつ，不利益とならない場合

→訴因変更不要

３　あてはめ

適法

第２　判決内容における問題点

１　裁判所は，実行行為者を「甲又は乙あるいはその両名」と択一的に認定し有罪判決を言い渡している

→「罪となるべき事実」（335Ⅰ）として十分か（又は「犯罪の証明」（333Ⅰ）がないのではないか

２　択一的認定

不特定認定（概括的認定）

あてはめ

３　適法

解答例

第1　手続における問題点

1　本件で，訴因事実と認定事実とでは，実行行為者を示す具体的事実が変動している。この場合，訴因逸脱認定となり，裁判所は，不告不理原則との関係で，訴因変更なくして有罪判決を言い渡すことができないのではないか（378条3号参照）。

←手続における問題点

2　当事者主義訴訟構造（256条6項，298条1項等）の下，裁判所の審判対象は，一方当事者たる検察官の主張する具体的事実である「訴因」と解すべきである。とすると，当事者たる検察官の主張する具体的事実に変更が生じた場合には，訴因変更手続（312条1項）が必要となるのが原則である。

←論証

もっとも，多少の事実の食い違いについても，常に訴因の変更を要するとすると訴訟不経済である。そこで，些細な事実の変化であるならば，訴因変更をせずに判決を下せると解すべきである。

では，どの程度の事実の変化がある場合に，訴因の変更を要するか。

訴因制度は，審判対象画定機能と防御権告知機能を有するが，第1次的機能は前者にあり，後者はその裏返しにすぎない。

そこで，まず，審判対象画定のために不可欠な事実が変動した場合には，訴因変更が必要であると解する。しかし，それ以外の事項の変動についても，争点明確化の観点から，その事実が訴因に上程され，それが一般的に被告人の防御にとって重要な事項であるような場合には，原則として訴因変更を要すると解する。とはいえ，審理経過等から被告人にとって不意打ちとならず，かつ，不利益とならない場合には，訴訟経済の見地から訴因変更せずとも足りると解する。

3(1)　本件では，訴因記載事実が「甲において」とするのに対し，認定事実は「甲又は乙あるいはその両名」とされており，実行行為者を示す具体的事実につき事実変動が認められる。

←あてはめ

しかし，実行行為者が具体的に誰であったかという点は審判対象画定の見地から不可欠な要素とはいえないというべきである。共謀共同正犯理論（刑法60条）によれば，数人が共謀していること，共謀者のうち少なくとも一人が実行行為を行っていることが立証されれば，全員が共犯者として責任を負うからである。

←審判対象確定の見地から訴因変更が必要となるか

(2)　他方，本問では，実行行為者が甲であると訴因に明示されており，また，実行行為者であると認定されると情状が重くなりうることを考えると，実行行為者が誰なのかという点は，被告人の防御にとって重要な事実であり，異なる認定がなされると，一般的に被告人の防御に不利益が生じるといえる。

←争点明確化の観点から訴因変更が必要となるか

しかし，審理において，実行行為者が誰であったのかという点が主要な争点として争われているから，実行行為者の変動は不意打ちとはいえず，甲の弁解を一部受け入れて上記のように実行行為者を択一的に認定している以上，不利益ともいえない。したがって，例外的に訴因変更は不要である。

(3) よって，訴因変更手続を経ることなく有罪判決を言い渡した手続は，適法である。

第２　判決内容における問題点 ←判決内容における問題点

1　本件において，裁判所は，実行行為者を「甲又は乙あるいはその両名」と択一的に認定し有罪判決を言い渡しているが，これは「罪となるべき事実」(335条１項）として十分か（又は「犯罪の証明」(333条１項）がないのではないか)，という点が問題となる。 ←問題の所在

2(1) この点については，特定の構成要件に該当することが合理的な疑いをいれない程度に証明されているといえ，他の犯罪事実との識別が可能である程度に具体的であれば，「罪となるべき事実」の記載として十分であると解する。 ←論証

(2) 上記のように，本件は，甲と乙の共謀による犯行であるから，いずれが実行行為者であっても，先の共謀共同正犯理論によって全員が共犯者としての罪責を負う。 ←あてはめ

よって，本件記載は，特定の構成要件に該当することが合理的な疑いをいれない程度に証明されているといえ，他の犯罪事実との識別が可能である程度に具体的であるから，「罪となるべき事実」の記載として十分である。

3　以上より，裁判所は，「罪となるべき事実」を示して有罪判決を言い渡したといえ，判決内容に違法はない。

以　上

● 合格者の問題メモ

甲は，乙らと共謀の上，乙の知人らの居宅に火災保険をかけて放火し，保険金を騙取するなどし，その後，口封じのため，乙らと共謀の上，Vを殺害し，その死体を遺棄したとして，殺人，死体遺棄，現住建造物放火，詐欺の罪で起訴された。

このうち殺人罪の訴因は，「甲は，乙と共謀の上，平成２８年７月２４日ころ，東京都W区内の産業廃棄物最終処分場付近道路に停車中の普通乗用自動車内で，殺意をもって，甲において，Vに対し，その頸部をベルト様のもので絞めつけ，よって，その頃，同所で，Vを窒息死させたものである。」というものであった。

公判において，甲は，共謀の存在と実行行為への関与を否定して無罪を主張し，その点に関する証拠調べが実施された。裁判所は，審理の結果，「甲は，乙と共謀の上，平成２８年７月２４日午後８時ころから翌２５日未明までの間に，東京都W区内又はその周辺に停車中の自動車内において，甲又は乙あるいはその両名において，扼殺，絞殺又はこれに類する方法でVを殺害した。」との事実を認定して甲を有罪とした。

裁判所が「甲又は乙あるいはその両名」と認定した点について，この場合の手続及び判決内容における問題点について論ぜよ。

● 合格者の答案構成

1 訴因変更の要否

2 択一的認定

1 審判対象の画定に不可欠な事実の変更
→ 変更必要

2 防御にとって重要な事実の変更
→ 原則 必要
例外 不要
↓
不意打ちではない場合

殺人→ Vの死で特定
共同正犯→ 共謀＆基づく実行

実行犯が誰かは，アリバイ等の関係で重要。
しかし，実行行為の関与が主要な争点で
不意打ちではない。むしろ立証に成功。

合格者の答案例

第1　訴因変更の要否

1　訴因は、実行担当者につき、甲とするにもかかわらず、裁判所は「甲又は乙あるいはその両名」と認定しているため、訴因変更なくこのような認定が認められるかを検討する。

2　訴因の機能は審判対象を画定する点にあり、その反射的効果として被告人に防御の範囲が明示されることとなる。

よって、審判対象の画定に不可欠な事実が変動する場合には、訴因変更が必要と解すべきである。仮に訴因変更することなく心証通りの認定をした場合、絶対的控訴理由（刑事訴訟法378条3号）となる。

また被告人の防御にとって一般的に重要となる事実の変更の場合にも、訴因変更が必要と解すべきである。仮に訴因変更なく心証通りの認定をした場合、争点形成を怠ったとして、刑事訴訟法294条違反が認められ、相対的控訴理由（刑事訴訟法379条）となる。

但し、具体的な訴訟経過より被告人にとって不意打ちとはならない場合には、例外的に訴因変更は不要と解する。被告人の防御権保障は、訴訟指揮等により達成し得るのであって、訴因だけに依存しないからである。

3　共同正犯の画定に不可欠な事実とは、共謀の存在と、共謀者の少なくとも1名が実行行為に及ぶことである。そして、その事実に関しては、訴因と裁判所の認定との間に変動はない。つまり、甲と誰かがV殺害につき共謀し、甲又はその誰か、あるいは両名がVを殺害したという点に違いはない。

よって審判対象の画定に不可欠な事実に変動はない。

4　しかし、実行担当者が誰であるかについては被告人の防御上一般的に重要な事実である。実行担当者であることが量刑上不利となることもあるからである。

よって原則として訴因変更は必要であるとも思える。

しかし、甲は実行担当行為への関与を否定して、無罪を主張していたことからすると、公判で十分争う機会が与えられていたといえ、不意打ちとはいえない。

よって、例外的に訴因変更は不要である。

5　したがって、裁判所が訴因変更なく「甲又は乙あるいはその両名」と認定した点は適法である。

第2　択一的認定

1　では、「甲又は乙あるいはその両名」と択一的に認定している点は、「罪となるべき事実」（刑事訴訟法335条1項）として特定されているか。

2　第1の3で検討した通り、実行担当者が誰であれ、共謀した者のうちのいずれであれば、特定されているため、問題はない。

また、実行担当者の場合は量刑上不利となることもあるが、利益原則より甲は実行担当者ではない場合として扱えば、甲に不利益はない。

3 したがって、択一的認定の点も適法である。

以上

第13問

以下の各小問に答えよ。

⑴　甲は，公務員乙と建設業者丙との間の仲介役を果たしていたものであるが，捜査の結果，①「甲は，乙と共謀の上，平成26年５月１日，東京都新宿区高田馬場において，丙から，封筒入りの現金300万円の交付を受け，もって乙の職務に関し賄賂を収受した」という内容の収賄の共同正犯として起訴された。しかし，②第一審公判での証拠調べの結果，「甲は，同一日時・場所において，丙とともに，乙に対し，封筒入りの現金300万円の賄賂を供与した」との贈賄の共同正犯であると認められた。この場合，公判において，③検察官はどのような措置を講ずべきか。

また，④検察官が適切な措置を講じない場合，裁判所はどのような措置を講ずべきか。なお，訴因の特定には問題がないものとする。

⑵　⑤検察官は，「被告人は，Ａと共謀の上，法定の除外事由がないのに，平成26年５月20日ころ，東京都新宿区高田馬場の被告人方において，Ａをして自己の左腕に覚せい剤であるフェニルメチルアミノプロパン約0.02グラムを含有する水溶液約0.25ミリリットルを注射させ，もって，覚せい剤を使用したものである。」（Ｘ訴因）との訴因で起訴した。

第１回公判において，⑥被告人は，「自分が覚せい剤を使用した日は間違いないが，場所は，自分の家ではなく，東京都港区内にあるＢパチンコ店の男子トイレの中であり，覚せい剤は，Ａに注射してもらったのではなく，自分自身で左腕に注射した。」旨供述した。

検察官は，第２回公判において，⑦「被告人は，法定の除外事由がないのに，平成26年５月20日ころ，東京都港区新橋所在のＢパチンコ店の男子トイレ内において，覚せい剤であるフェニルメチルアミノプロパン約0.02グラムを含有する水溶液約0.25ミリリットルを自己の左腕に注射し，もって，覚せい剤を使用したものである。」（Ｙ訴因）との訴因への訴因変更請求を行った。⑧裁判所は，検察官の上記訴因変更請求を許可することができるか。

なお，⑨Ｘ訴因，Ｙ訴因ともに，訴因の特定に関しては問題がないものとする。

出題論点

・訴因変更の可否（公訴事実の同一性）……A
・訴因変更命令義務……A
・訴因変更命令の形成力……B

問題処理のポイント

本問は，訴因制度の中から訴因変更の可否を問うものです。小問(1)が最決昭53.3.6【百選46①】（以下，「昭和53年決定」といいます）を，小問(2)が最決昭63.10.25【百選46②】（以下，「昭和63年決定」といいます）を素材とします。

第11問では訴因の特定を，第12問では訴因変更の要否を扱いましたが，訴因変更の可否もそれに並ぶ重要論点です。これに関しては本問の素材とした２つの判例以外にも重要な判例がいくつもあり，試験問題もそれをベースとして作成されることが多いといえます。判例である基本的事実同一性説を前提として，非両立性基準との関係，各判例の事案処理のポイント等を確認しておきましょう。

答案作成の過程

1 小問(1)について

1 訴因変更の可否

(1) 「公訴事実の同一性」（312条１項）の有無の判断基準

本問は，①②収賄の共同正犯の訴因で起訴したところ，贈賄の共同正犯であることが判明したという事案です。両罪の構成要件要素が異なる以上，審判対象画定の見地から訴因変更が必要となります。③検察官としては，裁判所に対して訴因変更請求をすることになります。

本問では，この点は明らかなので，答案において大展開する必要はありません。

問題は，訴因変更が許されるかどうか，いわゆる訴因変更の可否の問題です。

訴因変更の可否を決するのは，「公訴事実の同一性」という概念です。その判断基準について，学説は多岐にわたりますが，判例は，基本的事実同一性説に立つと解されています。基本的事実同一性説とは，公訴事実をその基礎たる社会的事実に還元してみて，このような事実関係のうち基本的なものが共通であるときは，枝葉の点に差異があっても公訴事実は同一であるとする立場です。ごく大雑把にいえば，検察官によって構成要件に当てはめられる前の生の事実・事件としての同一性が認められる場合であれば，公訴事実の同一性が認められるということです。

もっとも，判例はどのような事実関係に共通性があれば，「基本的事実関係を同じくする」としているのか，明確な基準を打ち立てているわけではありません。

結局個別具体的な判断にならざるを得ないのですが，特に両訴因における行為・結果の日時・場所などの点でかなりの相違があり，直ちに基本的事実（社会的事実）の同一性を肯定できない事案において判例は非両立性基準を用いることがあります。非両立性基準とは，両訴因の間に非両立関係又は択一関係があれば，基本的事実関係又は公訴事実の同一性が認められるとする基準です。

基本的事実同一性説における非両立性基準の位置付けについても議論がありますが，ここではひとまず補充的な基準として用いているという立場を前提とします。

なお，非両立性基準を用いるに際しては，両訴因の記載のみを対照するのではなく，両訴因の背後にある社会的事実を比較する必要がある点に留意してください。

(2) 本問へのあてはめ

本問の素材とした昭和53年決定は，以下のように説示しています。

両訴因は，「収受したとされる賄賂と供与したとされる賄賂との間に事実上の共通性がある場合には，両立しない関係にあり，かつ，一連の同一事象に対する法的評価を異にするに過ぎないものであって，基本的事実関係においては同一である」。

このように昭和53年決定は，非両立性基準を用いて基本的事実関係の同一性（公訴事実の同一性）を肯定しています。

そこで，本問でも，非両立性基準を用いて公訴事実の同一性を肯定する……ことになりそうですが，実は本問と昭和53年決定では事案が異なるのです。

昭和53年決定の事案では，両訴因における賄賂授受の日時，場所，人等の点で差異があり，ただ収受したとされる賄賂の一部が変更後の訴因である贈賄罪において供与したとされる賄賂であるという点においてのみ共通性がある事案だったため，直ちに基本的事実関係の同一性を肯定することができませんでした。

これに対して，①②本問では，これらは全て同一です。非両立性基準は，あくまでも補充的に用いるわけですから，直ちに基本的事実関係の同一性が肯定できる場合には，あえて非両立性基準を持ち出す必要はありません。実際に，昭和53年決定と類似の事案である最決昭28.3.5，最判昭36.6.13は，非両立性基準を用いることなく基本的事実関係の同一性を肯定しています。

いずれにしても，公訴事実の同一性が認められる以上，検察官は訴因変更請求をすべきです。

2 訴因変更命令義務

④裁判所としては，まずは，求釈明（刑事訴訟規則208条）によって対応すべきでしょうが，検察官がこれに応じない場合は，訴因変更命令を発出することが

考えられます。

問題は，裁判所にこの命令を発出する義務があるのか否かです。

この点について，判例は，「裁判所は，原則として，自らすすんで検察官に対し，訴因変更手続を促しまたはこれを命ずべき義務はないのである……が，本件のように，起訴状に記載された殺人の訴因についてはその犯意に関する証明が充分でないため無罪とするほかなくても，審理の経過にかんがみ，これを重過失致死の訴因に変更すれば有罪であることが証拠上明らかであり，しかも，その罪が重過失によって人命を奪うという相当重大なものであるような場合には，例外的に，検察官に対し，訴因変更手続を促しまたはこれを命ずべき義務があるものと解するのが相当である。」と述べ，原則としてそのような義務はないとしながら，原則として，訴因変更命令義務はないが，ⓐ重大な犯罪について，ⓑ変更を命ずべき訴因が証拠上有罪であることが明らかな場合は，例外的に訴因変更を命じる義務があるとします（最決昭43.11.26）。ただし，検察官の訴追態度・意思，弁護側の防御状況，裁判所による求釈明の有無・状況等，「諸般の事情」を考慮し，同義務が否定される場合があることには注意が必要です（最判昭58.9.6【百選47】，最判平30.3.19）。例えば，裁判所が明確かつ断定的な求釈明をしたにもかかわらず，検察官が長期間にわたり訴因を維持し，被告人の防御活動も専ら検察官の掲げた訴因に対してなされていたような場合には，訴因変更命令を下す義務はないとした判例があります（前掲最判昭58.9.6【百選47】）。

本問では，収賄は職務の公正とこれに対する国民の信頼を損ねるⓐ重大な犯罪であり（最大判平7.2.22【刑法判例百選Ⅱ107】参照），かつ，裁判所は証拠上贈賄が成立すると考えているので，ⓑ明白性の要件も満たします。また，考慮すべき「諸般の事情」も特に見当たりません。

したがって，訴因変更命令義務があるといえます。

3　訴因変更命令の形成力

さらに，裁判所が訴因変更命令を発出した場合，自動的に訴因が変更されるのかという問題もあります。訴因変更命令の形成力と呼ばれる問題です。判例は，「検察官が裁判所の訴因変更命令に従わないのに，裁判所の訴因変更命令により訴因が変更されたものとすることは，裁判所に直接訴因を動かす権限を認めることになり，かくては，訴因の変更を検察官の権限としている刑訴法の基本的構造に反するから，訴因変更命令に右のような効力を認めることは到底できないものといわなければならない」として，この訴因変更命令の形成力を否定しています（最大判昭40.4.28【百選Ａ23】）。

ただし，本問では，「裁判所はどのような措置を講ずべきか」と問われているので，必ずしもこの点に触れる必要はありません。

2 小問(2)について

1 覚せい剤自己使用罪の特殊性

⑧「裁判所は，検察官の上記訴因変更請求を許可することができるか。」と問われていますので，本小問は訴因変更の可否のみを問題とすれば足ります。

しかし，本小問で問題となる覚せい剤自己使用罪には，(a)殺人等と異なり，覚せい罪の使用は短期間に複数回あり得，(b)それがすべて併合罪関係となるのが通常であり，(c)物的証拠が少ないことから，覚せい剤の使用日時，場所，方法等について被告人の自白に頼らざるを得ないという特殊性があります。

特に(b)が大きな問題で，たとえ変更前の訴因と変更後の訴因において，覚せい剤使用の時間的場所的間隔が狭かったとしても，その２回の使用が事実として両立しうる限り，二罪が成立し，それが併合罪となりますので，直ちに基本的事実関係の同一性を肯定することができません。

2 昭和63年決定

本小問類似の事案である昭和63年決定は，旧覚せい剤自己使用の旧訴因と新訴因との間に，時間において１時間，場所において被告人方と他県市内のスナックＣ（被告人方から1.8㎞，被告人経営），方法において共謀者による被告人への使用と自己使用という差があったという事案において，「両訴因は，その間に覚せい剤の使用時間，場所，方法において多少の差異があるものの，いずれも被告人の尿中から検出された同一覚せい剤の使用行為に関するものであって，事実上の共通性があり，両立しない関係にあると認められるから，基本的事実関係において同一であるということができる。」（下線部は筆者）として公訴事実の同一性を肯定しています。

昭和63年決定は，両訴因に掲げられた日時の前後を通じ被告人には１回の覚せい剤使用しか認められなかった事案で，訴因変更は被告人の供述が変化したことに対応したものでした。

そのため，「公訴事実の同一性」が認められ，訴因変更が許容される場合であったことはほぼ争いがない事案だったと言って良いでしょう。

にもかかわらず昭和63年決定が，非両立性基準に触れているのは，覚せい剤自己使用罪には上記のような特殊性があり，いくら時間的場所的に近接しているからといって，直ちに基本的事実関係の同一性を肯定できなかったからではないかと推測されます。

3 本問へのあてはめ

本問でも昭和63年決定と同様，⑤⑦場所（東京都新宿区高田馬場の被告人方と東京都港区新橋所在のＢパチンコ店），使用方法（Ａに注射させたのか，自分自身で注射したのか）において違いがある事案ですが，⑥被告人が１回の使用を供述しているという点では違いはなく，訴因変更は被告人の供述の変化に対応したものです。

したがって，昭和63年決定と同様に，非両立性基準を用い，基本的事実関係の同一性（公訴事実の同一性）を肯定することができるでしょう。

なお，本問は，ＸＹ両訴因において⑤⑦「平成26年５月20日ころ」とやや幅のある記載がされており，上記のような覚せい剤自己使用罪の特殊性故に訴因の特定に疑義が生じ得ます。

しかし，⑨「訴因の特定に関しては問題がないものとする」と問題文において断り書きがありますので，この点を取り立てて検討する必要はありません。

■答案構成

第１　小問(1)について
　１　訴因変更手続が必要
　　↓
　２　訴因変更の可否
　　↓
　基本的事実同一性説
　　↓
　あてはめ
　　↓
　３　訴因変更命令義務の有無
　　↓
　ⓐ重大な事件で，ⓑ証拠上犯罪の成立が明らかな場合には義務あり
　　↓
　あてはめ

第２　小問(2)について
　１　前小問の基準で公訴事実の同一性の有無を判断
　　↓
　２　覚せい剤自己使用罪の特殊性
　　↓
　本問事案の特殊性
　　↓
　公訴事実の同一性肯定
　　↓
　３　訴因変更請求を許可できる

■解答例

第１　小問(1)について

1　本問では，収賄の共同正犯の訴因に対して裁判所は贈賄の共同正犯の心証を抱いている。

収賄と贈賄とでは，構成要件要素に違いがあるから，検察官が掲げた訴因と裁判所の心証とでは，審判対象画定の見地から要求される事実に変動が生じており，有罪認定を行うためには訴因変更（312条１項）が必要である。

←訴因変更が必要であることは明らかなので手短に

2(1)　もっとも，訴因変更が可能か否かは，別途検討する必要がある。訴因変更が可能か否かは「公訴事実の同一性」が認められるか否かによる。

←訴因変更の可否

では，「公訴事実の同一性」をいかにして判断すべきか。

「公訴事実の同一性」は，訴因変更の限界として，１個の刑罰権の存否及び内容を解明する審判手続の広がりの限界を画するとともに，その裏返しとして，二重起訴や一事不再理効等の及ぶ範囲を画する機能も有する（337条１号，338条３号，378条３号参照）。

←論証

このような機能からすれば，両訴因が１個の刑罰権の枠内に含まれているかという観点から判断すべきである。

具体的には，両訴因の基本的事実関係の同一性を基本としつつ，非両立関係の有無を補充的に勘案すべきである。

(2)　本問では，甲が乙，丙と共に同一日時，同一場所，同一金額の金銭の授受に関与したという意味において基本的事実の同一性は肯定できる。

←あてはめ

したがって，非両立性基準を用いるまでもなく，公訴事実の同一性を認めることができる。

←昭和53年決定との事案の違いを踏まえた論述

よって，訴因変更は可能である。

(3)　以上から，検察官は訴因変更請求の措置を講じなければならない。

3　検察官が訴因変更を行わない場合，裁判所としては求釈明し（規則208条１項），訴因変更を促すべきであるが，訴因変更に応じない場合，訴因変更命令（312条２項）を出すことができる。

←求釈明

それでは，さらに進んで，裁判所は訴因変更を命じ（312条２項），又はこれを積極的に促す義務を負うか。

←訴因変更命令義務の有無

当事者主義の下では，審判対象の設定，変更権限は検察官にあるから，原則として裁判所には訴因変更命令を下す義務はない。

←論証
問題文の事情から明らかではないため「諸般の事情」には触れませんでした

しかし，真実発見の見地から，一定の場合に限り，例外を認めるべきである。

すなわち，ⓐ重大な事件で，ⓑ証拠上犯罪の成立が明らかな場合に限り，裁判所は訴因変更を命じ，又はこれを積極的に促す義務があると解する。

これを本問において検討すると，収賄は職務の公正とこれに対する国民の信頼を損ねるⓐ重大な犯罪であり，かつ，裁

←あてはめ

判所は証拠上贈賄の共同正犯が成立すると考えているのであるから，ⓑ明白性の要件も満たす。

したがって，裁判所は，検察官が求釈明にも応じない場合には，訴因変更命令を出さなければならない。

なお，裁判所が訴因変更命令を出した場合でも，訴因変更に形成力は認められないと解すべきである。あくまでも訴因の設定権限は検察官にあるからである。

←訴因変更命令の形成力
直接問われているわけではないので，手短に

第2　小問(2)について

1　第1，2(1)で論じた基準によって，公訴事実の同一性の有無を判断する。

2　覚せい剤自己使用罪の場合には，短期間に複数回あり得，それがすべて併合罪関係となるから，X訴因とY訴因との間に（時間的）場所的近接性が認められるとしても，直ちに公訴事実の同一性を肯定することはできない。

←覚せい剤自己使用罪の特殊性

しかし，本問の訴因変更請求は，被告人の供述が変化したことに対応したものであって，被告人が1回の使用について自白していることには変化がない。

←昭和63年決定と同様の事案の特殊性

そうだとすれば，両訴因は，その間に覚せい剤使用の場所，方法において多少の差異があるものの，いずれも被告人の尿中から検出された同一覚せい剤の使用行為に関するものであって，事実上の共通性があり，両立しない関係にあると認められるから，基本的事実関係において同一であるということができる。

よって，「公訴事実の同一性」が認められる。

3　以上から，裁判所は，検察官の訴因変更請求を許可することができる。

以　上

● 合格者の問題メモ

以下の各小問に答えよ。

⑴　甲は，公務員乙と建設業者丙との間の仲介役を果たしていたものであるが，捜査の結果，「甲は，乙と共謀の上，平成２６年５月１日，東京都新宿区高田馬場において，丙から，封筒入りの現金３００万円の交付を受け，もってＹの職務に関し賄賂を収受した」という内容の収賄の共同正犯として起訴された。しかし，第一審公判での証拠調べの結果，「甲は，同一日時・場所において，丙とともに，乙に対し，封筒入りの現金３００万円の賄賂を供与した」との贈賄の共同正犯であると認められた。この場合，公判において，検察官はどのような措置を講ずべきか。また，検察官が適切な措置を講じない場合，裁判所はどのような措置を講ずべきか。なお，訴因の特定には問題がないものとする。

⑵　検察官は，「被告人は，Ａと共謀の上，法定の除外事由がないのに，平成２６年５月２０日ころ，東京都新宿区高田馬場の被告人方において，甲をして自己の左腕に覚せい剤であるフェニルメチルアミノプロパン約０．０２グラムを含有する水溶液約０．２５ミリリットルを注射させ，もって，覚せい剤を使用したものである。」（Ｘ訴因）との訴因で起訴した。第１回公判において，被告人は，「自分が覚せい剤を使用した日は間違いないが，場所は，自分の家ではなく，東京都港区内にあるＢパチンコ店の男子トイレの中であり，覚せい剤は，Ａに注射してもらったのではなく，自分自身で左腕に注射した。」旨供述した。

場所・方法の違い　※要件が変わっている

検察官は，第２回公判において，「被告人は，法定の除外事由がないのに，平成２６年５月２０日ころ，東京都港区新橋所在のＢパチンコ店の男子トイレ内において，覚せい剤であるフェニルメチルアミノプロパン約０．０２グラムを含有する水溶液約０．２５ミリリットルを自己の左腕に注射し，もって，覚せい剤を使用したものである。」（Ｙ訴因）との訴因への訴因変更請求を行った。裁判所は，検察官の上記訴因変更請求を許可することができるか。なお，Ｘ訴因，Ｙ訴因ともに，訴因の特定に関しては問題がないものとする。

要否を論ずる必要なし　特定も問題なし。→可否の問題

● 合格者の答案構成

1 (1) 訴因変更の要否 → 必要
訴因変更の可否 → 基本的事実の同一性・補充的に非両立性
基本的事実の同一性あり → 可能

(2) 次に，検察官が変更しないとき，
訴因変更命令（312Ⅱ）←※先に釈明・勧告
応じないとき義務となるか → 場合によってはなる

2　本問は訴因変更の可否が専ら問題とされている。
場所が一定程度の距離の差がある
Aと共謀し，Aが実行行為者であったところ，甲の単独犯となっている。事実の同一性が直ちに肯定できない。
一方，日にち，覚せい剤使用の方法・場所は同じ
本問では，Aをかばうためか，甲は，場所と実行者を争っている。→1回の使用行為を争っている。→非両立

合格者の答案例

第1　小問(1)について

1(1)　公判において検察官が講ずべき措置としては、訴因変更(312条1項)を行うべきである。本問では、以下のとおり訴因変更が必要だからである。

ア　訴因変更がいかなる場合に必要となるかであるが、当事者主義的訴訟構造を採用する現行法(256条6項、298条1項等)の下では、審判対象は一方当事者たる検察官が主張する具体的犯罪事実である訴因と解する。そうすると、具体的事実に変化が生じた場合は必要となるが、わずかに変化した場合まで訴因変更を要求するのも現実的ではない。そこで、重要な事実に変化があった場合に必要となると解する。そして、訴因の機能として、審判対象画定機能と防御権告知機能があるが、第一次的機能は審判対象画定機能にある。したがって、少なくとも、審判対象画定に必要な事実に変化があった場合には、訴因変更が必要となると解する。

イ　本問では、収賄罪の共同正犯(刑法60条、197条1項)から贈賄罪の共同正犯(刑法60条、198条)の構成要件に該当する事実へと変化している。構成要件該当性の判断に必要な事実は、審判対象画定に必要な事実であるので、本問では、訴因変更が必要となる。

(2)　では、訴因変更が必要だとして、訴因変更を行うことは可能か。訴因変更は、新旧両訴因間に「公訴事実の同一性」が認められなければならない(312条1項)。本問では、甲の罪責が変わっているが、「公訴事実の同一性」が認められるか。その判断基準が問題となる。

ア　「公訴事実の同一性」とは、訴因変更の限界を画する機能的概念であって、訴因変更制度の趣旨は、事件の1回的解決を図る点にある。もっとも、被告人の防御権の保障の観点から旧訴因で争っていた事件と異なる事件への変更は許すべきではない。この両者の調和の点から、「公訴事実の同一性」は、新旧両訴因が同一の事件である場合に認められ、基本的事実の同一性が認められるかによって判断するものと解する。さらに、基本的事実の同一性が直ちに肯定できない場合は、加えて両訴因の非両立性をも考慮して判断するものと解する。

イ　本問では、新旧両訴因を比較すると、日時・場所が同一であり、実行行為者も乙と丙で同一である。また、両訴因の贈収賄事件において交付された利益も封筒入りの現金300万円と同一のものであり、甲が乙丙間の金銭の授受に際して、共謀し関わったのが乙か丙かの違いがあるにすぎない。そうすると、両訴因の比較から基本的事実の同一性は十分に肯定でき、「公訴事実の同一性」は認められる。

(3)　以上より、訴因変更は可能であり、検察官は訴因変更すべきである。

2(1)　検察官が訴因変更を請求しない場合、裁判所としては、まずは、検察官に訴因変更を行うよう釈明(規則208条1項)・勧告を行うべきである。次に、検察官が釈明に応じない場合は、訴因変更命令(312条2項)を行うべきである。

(2)　ここで、裁判所は、訴因変更命令を行うべきとしても、その義務まであるか。訴因変更命令の義務があるとすれば、行わなかった場合には、訴訟手続の法令違反(379条)となるので問題となる。

ア　この点，訴因の設定・変更は検察官の専権であるので(256条3項，312条1項)，原則として裁判所に訴因変更命令を行う義務はない。しかし，312条2項の趣旨は，真実発見(1条)の見地から，裁判所に後見的な役割を持たせようとする点にある。そこで，訴因変更を行えば犯罪の成立が明らかとなるような場合には，例外的に義務が発生するものと解する。

イ　本問では，甲は，収賄ではなく贈賄の共同正犯であると認められるのであるから，訴因変更を行えば犯罪の成立が明らかである。したがって，裁判所は訴因変更命令を行う義務がある。

(3)　このとき，訴因変更命令に形成力はあるか問題となるも，否いて解する。形成力を認めてしまうと，当事者主義に反し，また検察官の専権としていることにも反するからである。

(4)　以上より，裁判所に訴因変更命令を下す義務があるので，裁判所としては，かかる命令を行うべきである。

第2　小問(2)について

1　本問では，検察官がX訴因からY訴因に訴因変更請求を行っており，X・Y両訴因とも特定には問題がないので，XからYへの訴因変更が可能かが問題となる。前述の基準で「公訴事実の同一性」を判断する。

X・Y両訴因を比較すると，たしかに，日にち・覚せい剤を使用した方法・使用した身体の部位までは同一である。しかし，使用した場所には「新宿区」から「渋区」というずれがあり，また，実行行為者もA(甲?)から被告人へと変化している。また，覚せい剤使用罪は，短時間のうちに何度も行うことができるという性質がある。そうすると，両訴因間から直ちに基本的事実の同一性は肯定できない。

もっとも，本問では，被告人は自ら覚せい剤を使用した事実及びAではなく自分で注射した旨の供述を行っている。そうすると，当該公判では，被告人の左腕に注射された1回の覚せい剤使用行為が争われていることになる。このことから，XとYの両訴因は非両立の関係にあるといえる。

これらの事情をふまえると，XとYの両訴因には，たしかに，場所や実行行為者に差異はあるものの，いずれも被告人の左腕に注射された1回の覚せい剤使用についてのものであって，事実に共通性があり，非両立の関係にあるので，基本的事実の同一性が認められる。

2　したがって，裁判所は，訴因変更請求を許可できる。

以上

Ⅲ　公判手続

本項目に該当する問題は掲載していませんが，体系を意識して学習することは有益であるため，項目名を残しています。

Ⅳ　証 拠 法

第14問

被告人甲は，①元交際相手Vを殺害したとの事実につき起訴された。

その公判において，検察官は，②甲とVの関係が破綻しつつあったことを立証するために，③Vと親交のあったAの証人尋問を請求した。というのも，検察官は，捜査段階で，Aを参考人として取調べ，生前Vに甲との交際状況について尋ねたところ，④「甲なんか大嫌い」とだけ述べ，その後，話題を変えて甲については一言も触れようとしなかった旨の供述を得ていたからである。

ところが，⑤証人尋問予定日の前日，Aは交通事故により急死してしまった。そこで，⑥検察官はさきの取調べに際して作成された調書を証拠として請求したところ，甲は，この証拠調べ請求に対して不同意である旨の意見を述べた。

なお，⑦甲は捜査段階から一貫して自分が犯人であることを否認している。

⑧この調書の証拠能力について論じなさい。

□出題論点

- 伝聞非伝聞の区別……………………………………………………A
- 精神状態の供述……………………………………………………A
- 再伝聞の証拠能力……………………………………………………B

□問題処理のポイント

1　本問から第19問まで証拠法の分野からの出題です。証拠法分野では，ほぼ100%といってよいくらい，問題となる証拠の証拠能力の有無が問われます（「証拠として採用することができるか」という問われ方がされる場合もあります）。

証拠能力の有無を検討する際は，自然的関連性，法律的関連性，証拠禁止という3つの観点からチェックすることが有用です。本問で問われている伝聞法則は，法律的関連性の問題に分類されます。

ただし，この3つは「要件」ではなく，証拠能力チェックの「観点」にすぎないことに注意してください。そのため，答案の冒頭で，「①自然的関連性があること，②法律的関連性があること，③証拠禁止に触れないことの3つが必要である」などと論じているものを見かけますが，このような論述はおかしいのです。

2　本問は，伝聞法則の理解について問う問題です。

伝聞法則の問題は，以下の順序で処理をします。

①　知覚・記憶・表現（・叙述）の過程がいくつあるかを確認する →それぞれについて，以下②～④を検討する ②　供述証拠か非供述証拠か ③　供述証拠の場合には，伝聞か非伝聞か（再伝聞に当たるかという観点で問題となることもある） ④　伝聞証拠に当たる場合には，伝聞例外の要件を検討

もちろん，①や②が明らかな場合には，すぐに③を検討してしまって構いません。また，③が明らかな場合には，長々と論じる必要はありません。

なお，問題としてはほとんど見かけませんが，上記の①～④を実践してみてどうしてもうまくいかないとか結論が不当になってしまうとかの場合には，317条の厳格な証明の対象となる事実（刑罰権の存否及び範囲を画する事実）なのかという観点で見てみるとよいかもしれません。そもそも，自由な証明で足りる場合には，伝聞法則の適用がないからです。

3　本問では，伝聞法則の中でも，伝聞非伝聞の区別という最も難解な論点を取り扱います。

予備校のインプット講座等で，「伝聞証拠に当たるか否かは，要証事実との関係で相対的に決まる」という基準を学ぶと思いますが，具体的な事例の中で，これがどのような意味を持つのか，きちんと理解ができている人はそう多くはありません。

立証趣旨と要証事実の違いも踏まえ，本問を通じて問題処理の思考プロセスを確立してください。

1　Aの検察官面前調書（以下「本件調書」といいます）全体の証拠能力

1　伝聞証拠該当性の判断

(1)　伝聞非伝聞の区別

本問では，⑧本件調書の証拠能力の有無が問われていますが，伝聞証拠に当たるか否かが問われていることは明らかです。

伝聞証拠に当たるか否かは，320条1項の要件に該当するか否かによって判断します。もっとも，伝聞証拠の趣旨（これには争いがあり，ひいては伝聞証拠の意義についても争いがあるのですが）から見て，実質的に伝聞法則の規制を及ぼす必要がない場合には，伝聞証拠に当たらないとする点で学説はほぼ一致しています。

具体的には，伝聞法則の趣旨は，公判廷外供述の知覚・記憶・表現・叙述の各過程に潜む誤りを，反対尋問等によってチェックする機会を確保する点にあります。そこで，そのようなチェックができない証拠の証拠能力を類型的に排除し，事実認定の適正化を図ったのです。

そうすると，形式的に320条1項に該当する証拠であっても，そのようなチェックをする必要がない証拠の証拠能力は否定する必要がありません。

そして，そのようなチェックが必要ない証拠を，「要証事実との関係で供述内容の真実性が問題とならないもの」と類型化します。供述内容の真実性立証のために用いない場合には，上記誤りをチェックし，事実認定の適正化を図るという要請が後退するからです。

そのため，伝聞証拠に該当するか否か，つまり伝聞非伝聞の区別は，「要証事実との関係で相対的に決せられる」と表現されます。

(2)　立証趣旨と要証事実の関係

そこで，要証事実が何かが重要なのですが，ここで問題となるのが，立証趣旨と要証事実との関係です。

立証趣旨は，当該証拠の取調べを請求する当事者がその証拠によって立証しようとする事実とその証拠の関係（刑訴規則189条1項）を言います。もっとも，実務上は，その証拠から請求者が立証しようとする主要な事実を簡潔に表示することによって明らかにされています（例えば，司法試験刑事系科目平成25年度第2問（刑事訴訟法）では，実況見分調書が「犯行状況及びWが犯行を目撃することが可能であったこと」との立証趣旨で証拠調べ請求されています）。

一方で，要証事実については，刑事訴訟法・刑事訴訟規則に定めがあるわけではありませんが，具体的な訴訟の過程でその証拠が立証するものと見ざるを得ないような事実（いわば必然的に証明の対象とならざるを得ないような事実）などと表現されています。要するに，当該証拠による直接の証明対象となる事実ということです。

要証事実の把握には，どの争点に関する証拠が十分で，どの争点についての証拠が不足しているかという裁判所の心証も関係してきます。当事者が当該証拠の取調べ請求をするのは，当然のことながら何らかの事実を立証するためです。裏を返せば，証拠が十分な争点に関しては，証拠調べ請求をする必要などないわけです。なお，当該証拠による直接の証明対象となる事実が要証事実であるとすれば，要証事実は主要事実だけに限りません。間接事実も直接の証明対象となる限り要証事実となります。

以上から，ごく大雑把にいえば，当事者が証明対象として示した事実を「立証趣旨」，裁判所が当該事案の争点や証拠構造を踏まえ，実質的に判断して証明対象であると判断した事実を「要証事実」と呼ぶのです。

そうすると，定義の上からは，両者は別物であるということになります。

しかし，裁判所が心証を基準として実質的に要証事実を判断することには疑問もあります。当事者主義的な訴訟構造を採用している刑事訴訟法の建前に反するからです。

そこで，裁判所は原則として当事者の設定した立証趣旨を参考にして，要証事実の把握に努めることになります。ただし，当事者が設定した立証趣旨をそのまま前提にするとおよそ証拠としては無意味になるような例外的な場合（最決平17.9.27【百選83】参照）には，裁判所が実質的な要証事実を考慮する必要があることになります。

(3) 本問へのあてはめ

検察官は，立証趣旨を②「甲とVの関係が破たんしつつあったこと」としていますが，下記**2 2**のように要証事実は，「甲がVに対し，何か甲の犯行動機を推認させる行為をしていたこと」と捉えるべきです。もっとも，いずれにしても，Aの供述内容の真実性が問題となり，本件調書全体が伝聞証拠となることは明らかです。Aの供述内容がウソであれば，本件調書（全体）の証拠価値はゼロだからです（Aの証言の証明力を弾劾する等の場合には別ですが，本問はそのような事案ではありません）。

答案上は簡単に伝聞証拠該当性を肯定してしまってよいでしょう。

2 伝聞例外の要件検討

伝聞証拠であることが確認されれば，次に検討するのは伝聞例外の要件を満たすか否かです。

⑥甲は，本件調書の証拠調べ請求に対して不同意の意見を述べていますので，326条を使うことはできません。

本件調書は検面調書であり，⑤また供述者たるAが死亡していることから，321条１項２号前段の要件を検討すべきです。

そして，A死亡の事実から，同号前段の実体的な要件は満たします。なお，同号前段の要件として特信情況を要求する学説がありますが，判例はこの点不要としています（最大判昭36.3.9，大阪高判平元.11.10等）。

したがって，本件調書にAの署名・押印（321条1項柱書）があれば，本件調書全体の証拠能力は認められることになります。

2 本件調書中のVの供述部分（以下「V発言」といいます）の証拠能力

1 再伝聞の証拠能力

次に，V発言の証拠能力を検討したいのですが，仮にV発言が伝聞証拠に該当するとなると，伝聞構造が多層的になります。このような場合に証拠能力が認められるのかという問題があります。いわゆる再伝聞の証拠能力という問題です。

判例（最判昭32.1.22【百選88】）は，この点について，324条類推適用により，重ねて伝聞例外の要件を満たす限り証拠能力を肯定していますので，この立場で論じれば足ります。

なお，解答例では，この問題をV発言の伝聞証拠該当性の前に論じていますが，その後に論じてもOKです。ただし，後に論じるとすると，V発言が伝聞証拠に該当しなかった場合に，再伝聞の証拠能力の問題を論じる余地がなくなってしまうので，受験政策的には，前に論じておいた方がよいかもしれません。

2 V発言の伝聞証拠該当性

さて，それではいよいよ本問のメイン論点の検討に入ります。

まずは，要証事実が何なのか，検討します。

検察官の立証趣旨は，②「甲とVの関係が破たんしつつあったこと」ですので，これを前提とすると，「証拠としては無意味になるような例外的な場合」に当たるかどうかが問題です。

上記のように，要証事実は（証拠が不足している）争点との関係で決まりますので，本件における争点が何なのか把握する必要があります。

そこで，問題文に目を移してみると，⑦甲は，捜査段階から一貫して自分が犯人であることを否認していますので，甲の犯人性が争点であることがうかがわれます。そこで，「甲とVの関係が破綻しつつあったこと」を立証して，その争点の立証に役立つのかを考えてみます。

おそらく検察官としては，「甲とVの関係が破綻しつつあったこと」を立証し，そこから，さらに甲のV殺害の動機を推認し，最終的に甲の犯人性を推認するという過程を狙ったのでしょう。

しかし，「甲とVの関係が破綻しつつあったこと」→甲のV殺害の動機という推認は成り立ちません。関係が破綻しつつあれば，①元交際相手を殺害するという経験則は，少なくとも現在のところ成り立たないからです。

そうすると，本問は，検察官の掲げる立証趣旨を前提とすると，「証拠としては無意味になるような例外的な場合」に当たるということになります。

では，実質的な要証事実は何か。

甲のＶ殺害の動機→甲の犯人性という推認過程は（推認力の強弱は別として）成り立つでしょうから，甲のＶ殺害の動機の立証が検察官の真の狙いであると言えそうです。

そうすると，その前提となる事実は，「甲がＶに対し，何か甲の犯行動機を推認させる行為をしていたこと」といった程度になるでしょう。つまり，Ｖ発言を通じて，Ｖが甲に対して④「甲なんか大嫌い」という感情を抱いていたことそれ自体ではなく，なぜそのような感情を抱くに至ったのかという背景事情を暗に立証することによって，「甲がＶに対し，何か甲の犯行動機を推認させる行為をしていたこと」を立証し，そこから，甲のＶ殺害の動機→甲の犯人性という推認過程を狙ったものであるということです。

したがって，要証事実は，「甲がＶに対し，何か甲の犯行動機を推認させる行為をしていたこと」といった程度の事実になります。

以上の検討については，最判昭30.12.9が参考になりますので，事案と判旨を確認しておいてください。

なお，真実Ｖが甲を嫌悪していた事実を立証する場合（例えば，甲が姦淫の事実については認めているものの，和姦であるとして争っている場合）には，いわゆる精神状態の供述の論点が問題となりますが，通説は，この点について非伝聞説に立っています。この点も確認しておいてください。

ちなみに，上記の推認過程は一様ではありません。ある証拠からどこまで何を推認することができるかは，事案にもよりますし，また論者によっても異なります。そのため，重要なのは，自分がどのような推認過程を辿ったのかを答案に表現することです。もちろん，およそありえないような推認過程を論じてはいけませんが，ありうる推認過程であれば，しっかりと説明している限り，相応の評価は得られるはずです。

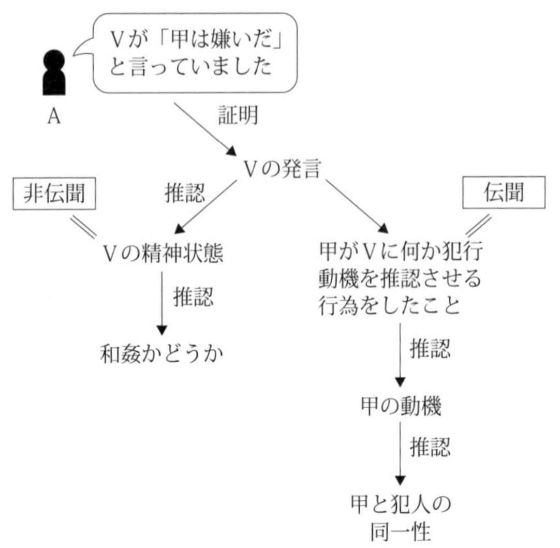

3　伝聞例外の要件検討

上記のように，判例は，再伝聞について324条を類推適用するという立場です。この判例の立場に従うと，本問は，Ｖ発言は，被告人以外の者であるＶの供述を内容とするため，324条２項が類推適用され，同条項が準用する321条１項３号の要件が必要となります。

本問では，⑤Ａが「死亡」しているので，「公判期日において供述することができず」の要件は満たすでしょうが，「その供述が犯罪事実の存否の証明に欠くことができないものである」こと（不可欠性）や「その供述が特に信用すべき情況の下にされたものである」こと（絶対的特信情況）をうかがわせる事情がありません。

したがって，Ｖ発言については証拠能力が否定されるという結論が素直でしょう。

ただし，不可欠性については，事実認定に著しい差異を生じさせる可能性があれば足りると解されています（東京高判昭29.7.24）ので，Ｖ発言の存在によってそのような可能性があるのならば，この要件は満たす場合があります。また，③Ｖは親交のあったＡに対して供述していますので，ウソをつくような状況になく，絶対的特信情況も満たされる可能性はあります。

■ 答案構成

第1　本件調書全体の証拠能力

　1　本件調書全体は伝聞証拠に当たる

↓

　2　321条１項２号前段の要件検討

↓

署名・押印があれば，証拠能力あり

第2　Ｖ発言の証拠能力

　1　再伝聞の許容性

↓

Ｖ発言の伝聞証拠該当性

↓

伝聞非伝聞の区別

要証事実を立証趣旨通りに捉えた場合

精神状態の供述

非伝聞説

実質的な要証事実の把握

伝聞証拠に当たる

　2　324条２項（類推），321条１項３号の要件検討

証拠能力なし

□解答例

第１　Ａの検察官面前調書（以下「本件調書」という。）全体の証拠能力について

１　本件調書は「公判期日に代」わる「書面」であって，また，下記要証事実との関係で，内容の真実性が問題となるから，原則として証拠能力が否定される（320条１項）。

２　そこで，伝聞例外の要件を検討することになるが，適用可能性があるのは321条１項２号前段である。

まず，Ａは「死亡」しているから「公判期日において供述することができないとき」に該当する。また，同条項後段と異なり，前段では特信情況は不要である。

したがって，要件は満たす。

よって，供述者たるＡの署名，押印（321条１項柱書）がある限り，本件調書全体の証拠能力は321条１項２号前段によって肯定される。

第２　本件調書中のＶの発言部分（「甲なんか大嫌い」）を含むＡの供述部分（以下「Ｖ発言」とする。）の証拠能力

１(1)　Ｖ発言について，伝聞証拠であると考えれば，再伝聞の問題となり，さらに伝聞例外の要件（下記参照）を満たすことが必要となる。なお，再伝聞の証拠能力を否定する明文はないので，再伝聞であることを理由として，証拠能力が否定されることはない。

(2)　それでは，Ｖ発言は伝聞証拠に当たるか。

←本件調書全体の証拠能力

←本件調書全体が伝聞証拠に該当することは明らかなので，手短に済ませます

←321条１項２号前段の要件検討

←Ｖ発言の証拠能力

←ここでは，再伝聞の問題が生じうることのみを示し，Ｖ発言の伝聞証拠該当性を検討した後に要件検討を行いました

確かに，Ｖ発言は「公判期日外における他の者の供述を内容とする供述」であるから，形式的には伝聞証拠に当たるように思える。

もっとも，伝聞法則の根拠は，供述証拠は知覚，記憶，表現の過程で誤りが入り込むおそれがあり，これを反対尋問でチェックする機会を確保する点等にある。とすれば，形式的に320条１項に定める供述証拠に該当したとしても，上記誤りをチェックする必要がない場合には，伝聞証拠とみる必要はない。

したがって，伝聞証拠とは公判廷外の供述を内容とする供述証拠であり，その供述内容の真実性立証に用いるものをいうと解すべきである。

ここで，ある供述を供述内容の真実性を立証するために用いることになるかどうかは要証事実により変化することである。よって，伝聞か否かは，要証事実との関係で相関的に決せられることになる。

(3)ア　本問では，立証趣旨が「甲とＶの関係が破綻しつつあったこと」であり，要証事実も同様と考える場合，すなわち，Ｖ発言からＶが甲を嫌悪していたというＶの精神状態を推認し，もって「甲とＶの関係が破綻しつつあったこと」を立証する場合には，Ｖの精神状態との関係で非伝聞であると解される。

←論証

伝聞非伝聞の区別が問題となるのはこの部分なので，ここで伝聞法則の趣旨を論じ，伝聞非伝聞の区別基準を明らかにしました

←本問では「甲とＶの関係が破綻しつつあったこと」が要証事実となるわけではありませんが，精神状態供述についての理解をアピールするために論じています

伝聞法則の根拠は，前述のように，供述証拠は知覚，記憶，表現の過程で誤りが入り込むおそれがあり，これを反対尋問でチェックする機会を確保する点等にあるところ，精神状態の供述は，精神状態を直接述べるものである以上，知覚，記憶の過程がなく，誤りが入り込むおそれは類型的に低いといえる。また，供述の真摯性については，原供述がなされた状況，供述態度から推知し得るから，伝聞供述者を反対尋問すれば，そのチェックはできる。

←論証

したがって，上記事実を要証事実とする場合には，V発言は非伝聞である。

イ　しかし，本問の要証事実は，上記事実ではないとみるべきである。

←ここから要証事実を認定

本問では，甲は捜査段階から一貫して犯人性を否認しており，本問訴訟における最大の争点は甲の犯人性であるものと思われる。

←争点を明らかにし，その争点との関係を丁寧に論じます

そうすると，「甲とVの関係が破綻しつつあったこと」を立証しても，それとの関係で意味をなさない。

本問では，検察官は，V発言から，甲が何かVに対してVがそのような感情（甲に対する嫌悪の感情）を抱く行為を行ったことを推認し，もって甲の殺人の動機という，甲の犯人性を基礎づける間接事実を立証しようとしているものと解される。この場合，V発言による直接の証明対象（要証事実）は，甲が何かVに対してVが嫌悪の感情を抱く行為をしたことである。

そうすると，その点に関するVの供述内容の真実性を確認する必要があるから，V発言は伝聞証拠になる。

2(1)　そうすると，この部分については，321条1項2号前段の要件が満たされることを媒介として，公判期日における供述と同視され，324条が要求する伝聞例外の要件を満たす必要がある。

←改めて再伝聞部分の伝聞例外の要件を検討します

具体的には，V発言は，被告人以外の者であるVの供述を内容とするから，324条2項を類推適用し，同条項が準用する321条1項3号の要件が必要となる。

(2)　本問では，Vが「死亡」しているから，「公判期日において供述することができないとき」に該当するが，「その供述が犯罪事実の存否の証明に欠くことができないものである」ことや「その供述が特に信用すべき情況の下にされたものである」ことをうかがわせる事情はないので，同条項の要件を満たさない。

(3)　以上から，V発言については証拠能力が否定される。

以　上

● 合格者の問題メモ

被告人甲は，元交際相手Ｖを殺害したとの事実につき起訴された。

その公判において，検察官は，甲とＶの関係が破綻しつつあったことを立証するために，Ｖと親交のあったＡの証人尋問を請求した。というのも，検察官は，捜査段階で，Ａを参考人として取調べ，生前Ｖに甲との交際状況について尋ねたところ，「甲なんか大嫌い」とだけ述べ，その後，話題を変えて甲については一言も触れようとしなかった旨の供述を得ていたからである。

ところが，証人尋問予定日の前日，Ａは交通事故により急死してしまった。そこで，検察官はさきの取調べに際して作成された調書を証拠として請求したところ，甲は，この証拠調べ請求に対して不同意である旨の意見を述べた。

なお，甲は捜査段階から一貫して自分が犯人であることを否認している。

この調書の証拠能力について論じなさい。

● 合格者の答案構成

検察官の立証趣旨は．甲とVとの不仲

しかし、争われているのは甲の犯人性、

殺人事件でVが甲を嫌っていても、甲のV殺害には結びつかない。(甲の動機すら推認できないこともあり得る。)

V→A→検察官

「甲は嫌いだ」

Aの供述の内容の真実性が問題

→伝聞(320条1項)、しかし例外(321Ⅰ③)

さらにA供述の中にV供述

Vの供述を精神状態の供述とみれば非伝聞、

しかし、要証事実との関係が？．甲がVに何かしたかが重要→法律的関連性がない

● 合格者の答案例

1　ある証拠に証拠能力が認められるためには、自然的関連性、法律的関連性が認められ、証拠禁止にあたらないことが必要である。本問の調書は、法律的関連性が問題となるので、以下、検討する。

2　本問の調書は、Aの供述を内容とするので、「公判期日における供述に代えて書面を証拠」とする場合にあたり、原則として証拠能力が否定される（伝聞法則、320条1項）。もっとも、ある供述証拠が形式的に320条1項に該当するとしても、常に伝聞証拠として証拠能力を否定する必要があるか、伝聞法則の趣旨と関連して問題となる。

(1)　この点、伝聞法則の趣旨は、供述証拠には知覚・記憶・叙述の過程があり、それぞれに誤りが入る危険があることから、反対尋問や直接主義による観察・宣誓による偽証罪（刑法169条）の制裁等により正確性を担保する必要があるところ、伝聞証拠では、それらが行えないので証拠能力を否定する点にある。かかる趣旨からすれば、知覚等の過程の正確性が問題とならない場合は、伝聞証拠とみる必要はないこととなる。したがって、ある供述証拠が伝聞証拠にあたるかは、要証事実との関係で相対的に決せられ、内容の真実性が問題となる場合に、伝聞証拠にあたるものと解する。

(2)　本問の調書は、VがAに本当にそのような事を言ったのかというAの供述内容の真実性が問題となるので、伝聞証拠にあたる。

3　したがって、甲の同意（326条1項）のない本問においては、調書の証拠能力が認められるためには、伝聞例外（321条以下）にあたる必要がある。本問調書は、「検察官の面前における供述を録取した書面」にあたり、供述者であるAは「死亡」している。そして、調書には、Aの「署名若しくは押印」（321条1項柱書）もあると思われるので、321条1項2号前段に該当する。なお、321条1項2号前段において、特信情況は、条文上要求されていない以上、不要と解する。

4　もっとも、本件調書について伝聞例外の要件を満たしたとしても、本件調書のAの供述の中には、Vの供述も含まれている。かかるVの供述が伝聞にあたれば、再伝聞の問題となるが、Vの供述は伝聞証拠にあたるか。

(1)　本問での検察官の立証趣旨は、甲とVの関係が破綻しつつあったことであり、Vが甲を嫌悪していたことである。かかる事実との関係でVの「甲さんか大嫌い」という供述は、本当にVが甲を嫌っていたかという内容の真実性が問題となり、伝聞証拠にあたるとも思える。もっとも、Vの供述は、Vの精神状態の供述である。

ア　ここで、精神状態の供述は、伝聞証拠にあたらないと解する。精神状態の供述は、知覚・記憶の過程がなく、叙述の真摯性の問題は、関連性一般ないしは証明力の問題とすればよいので、伝聞法則の趣旨が妥当しないからである。

イ　そうすると、Vの供述が伝聞証拠にあたらない以上、本件調書に証拠能力が認められるとも思える。

(2)　しかし、本問で争われているのは、甲の犯人性であり、Vが甲を嫌悪していたという事実から、甲がVを殺害したということは推認できない。甲がVを嫌悪していたのであれば、V殺害の動機を推認できるが、V

が甲を嫌悪していたことと、甲のV殺害とは結び付かないからである。

そうすると、本問調書で証明しようとしている事実は、Vが甲を嫌悪していたという事実ではなく、甲がVに対し何かしたのではないかという推認過程を経て、甲がVに対し殺害の動機となるような感情を抱いていたことという事実とみるべきである。

なお、裁判所は、検察官の立証趣旨とは異なる事実を要証事実とすることができると解する。~~立証趣旨が要求された趣旨~~ 立証趣旨（規則189条1項）が要求された趣旨は、証拠と事実の関係を明らかにするためであり、拘束力まで認めるものではないからである。

5　上記の要証事実との関係では、Vの供述は法律的関連性を欠き証拠能力が認められないものと解する。

Vの供述は、上記のとおり、甲がVに何かしたのではないかという根拠への薄い推認過程を通り、甲がV殺害の動機を抱いていたとの予断を生じさせ、証明力の評価を誤らせる危険があるからである。

6　以上、本問の調書には、証拠能力は認められない。

以上

第15問

(1) 暴力団員であるXがVを殺害したとして起訴された公判において，目撃者として証人尋問を受けたＷ１は，検察官の質問に対し，①「Xに似たような人がVを殺したのを見たのは確かだが，それがXかどうかは分からない。」旨の証言をした。

(2) そこで，検察官は，②Xの弁護人立会いの下，③期日後にＷ１を取り調べ，④「証人尋問の際は，緊張していましたし，Xの知り合いと思われる複数の暴力団員が傍聴席にいて恐かったので，うまく証言できませんでしたが，今，思い返してみると，Vを殺したのはXに間違いありません。というのも，Xは，身長180センチメートル，中肉の男であり，切れ長の目をしているところや額に傷があるところまで，私が見た犯人とそっくりだからです。」という供述録取書（以下「Ｗ１調書」という。）を作成した。

(3) また，検察官は同じく目撃者として名乗りを上げた外国人Ｗ２を取り調べ，「XがVを殺したのを見た。」という内容の供述録取書（以下「Ｗ２調書」という。）を作成した。

しかし，⑤Ｗ２は取調べを受けている間に不法滞在者であることが発覚したため，強制送還の手続が執られた。⑥検察官は，Xの弁護人に対して，Ｗ２が強制送還されるおそれがあることを伝えていたが，Xの弁護人は何ら措置を執っていなかった。

(4) 次回期日において，検察官はＷ１調書及びＷ２調書を証拠調べ請求したが，X側がこれを不同意とする証拠意見を述べた。そこで，検察官は改めてＷ１の証人尋問を請求した。⑦Ｗ１に対する証人尋問は，前回同様に，Xが所属している組の暴力団員が傍聴に来ている中で実施され，Ｗ１は，「Xが犯人だとは思うが，大した根拠はない。」と証言した。

(1)から(4)の事実を前提として，裁判所は，Ｗ１調書及びＷ２調書を証拠として採用することができるかについて，論じなさい。

出題論点

- 「前の供述」（321条１項２号後段）の意義 …… A
- 「国外にいる」（321条１項各号）の意義 …… B
- 相反供述又は実質的不一致供述 …… A
- 特信情況（321条１項２号後段）の判断方法 …… A

Ⅳ 証拠法 ▼ 第15問

■ 問題処理のポイント

本問は，伝聞法則のうち，伝聞例外の要件についての理解を中心に問うものです。

伝聞例外の要件検討は，判例を踏まえ，１つ１つの要件解釈・あてはめをしっかりとこなしていくことが重要です。

本問のような単純な事例であればさほど難しくはないのですが，司法試験のような複雑な事例問題になると，伝聞例外の要件を認定するための事実が問題文にちりばめられていますので，過不足なくピックアップすることは容易ではありません。過去問はもちろんのこと，演習書や予備校答練などで訓練を積んでください。

■ 答案作成の過程

1 W１調書の証拠能力

1 W１調書の伝聞証拠該当性

要証事実たるXの犯人性との関係で，W１調書の供述内容の真実性が問題となり，伝聞証拠に該当することは明らかです。答案では，アッサリと認定してください。

2 伝聞例外の要件検討

(1) ④⑦W１の公判期日における証言と，W１調書に記載されたW１の供述内容はXが犯人であるとする点で一致しますが，その精度・確度が異なることから，321条１項２号後段の要件を検討することになります。

(2) まず，「相反するか若しくは実質的に異つた供述」の要件ですが，これは，他の証拠又は他の立証事項とあいまって，異なる認定を導くようになる場合をいいます。判例には，より詳細な供述をする場合にもこれに当たる場合がある（最決昭32.9.30）とするものもありますので，上記のように供述の精度・確度が異なる場合であっても，他の証拠又は他の立証事項とあいまって，異なる認定を導くようになる場合であれば，この要件を満たすといってよいでしょう。

(3) 次に，「前の供述」ということができるかどうかです。

本問では，①W１は一度証人として公判廷で証言した後（以下，この証言を「甲証言」といいます），③W１調書が作成され（以下，W１調書に記載されたW１の供述を「乙供述」といいます），⑦再喚問して証人尋問したところ，検面調書と異なる証言（以下，「丙証言」といいます）をしています。

丙証言との関係では，乙供述は「前の供述」に当たるので，この要件を満たすと考えるのが判例です（最決昭58.6.30）。

もっとも，同決定も「すでに公判期日において証人として尋問された者に対し，捜査機関が，その作成する供述調書をのちの公判期日に提出することを予定して，同一事項につき取調を行うことは，現行刑訴法の趣旨とする公判中心主義の見地から好ましいことではなく，できるだけ避けるべきではある」と述べ，「その作成の経過にかんがみ，同号所定のいわゆる特信情況について慎重な吟味が要請されることは，いうまでもない。」として，このような証拠利用には釘を刺しています。

(4) 最後に，「公判準備又は公判期日における供述よりも前の供述を信用すべき特別の情況の存する」ことの要件ですが，これは「前の供述」との比較の問題なので，３号書面とは異なり，相対的特信情況で足りることになります。そして，相対的特信情況は原則として外部的付随事情から判断すべきですが，その事情を推認する限度において，供述内容を斟酌することも許されます（最判昭30.1.11【百選Ａ38】）。

⑦丙証言はＸが所属している組の暴力団員が傍聴に来ている中で実施されており，Ｗ１が畏怖した状況においてなされていたといえます。一方で，②乙供述がなされた際の取調べには，Ｘの弁護人が立ち会っていたのですから，比較的平穏な態様で取調べが行われたものと考えられます。

④⑦乙供述の方が詳細なことからも，検察官の面前では，圧迫もなく平静な心で記憶のままに供述したであろうという外部的情況が推認できます。

したがって，この要件も満たします。

(5) 以上から，Ｗ１調書には，署名・押印（321条１項柱書）がある限り，証拠能力が認められます。

2 Ｗ２調書の証拠能力

1 Ｗ２調書の伝聞証拠該当性

Ｗ２調書についても，要証事実たるＸの犯人性との関係で内容の真実性が問題となることは明らかなので，伝聞証拠に該当します。

2 伝聞例外の要件検討

(1) ⑤Ｗ２は不法滞在者であり，強制送還の手続が採られた結果，現在は国外に滞在しているのでしょうから，期日において証人尋問をすることができません。そのため，321条１項２号前段の「国外にいる」「供述することができない」の要件を満たします。また，第14問で検討したように，判例は同号前段に特信情況を必要としないとしていますので，同号前段により，証拠能力が認められるように思われます。

(2) ⑤もっとも，Ｗ２については強制送還の手続が採られています。判例は，出入国管理法に基づく退去強制によって原供述者が出国し，供述不能の状態にあった事案を扱った際に，そこに至る事情等により，「手続的正義の観点から公正さを欠く」ときは検面調書の証拠能力が否定されると述べています（最判平7.6.20【百選81】）。この判例が，２号前段の要件を論じたものなのか，証拠禁止など別の法理を述べたものなのか，議論がありますが，いずれにしても，このような場合には検面調書の証拠能力は否定されることになります。

⑥本問では，検察官は，Xの弁護人に対して，W２が強制送還されるおそれがあることを伝えていたものの，Xの弁護人は何ら措置を採っていなかったのですから，「手続的正義の観点から公正さを欠く」場合には当たらないでしょう。

(3) したがって，署名・押印（321条１項柱書）がある限り，W２調書の証拠能力も認められます。

■答案構成

第１　W１調書について

１　W１調書の伝聞証拠該当性

２　321条１項２号後段の要件検討

「前の供述」の意義

「相反するか若しくは実質的に異つた供述」の意義

他の証拠又は他の立証事項とあいまって，異なる認定を導くようになる場合

↓

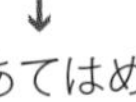

あてはめ

↓

特信情況

原則として，外部的付随的事情のみから特信情況を判断すべきであるが，この事情を推認する資料とする限度で供述内容を斟酌することができる

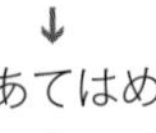

あてはめ

↓

３　署名・押印があれば，証拠能力あり

第２　W２調書について

１　W２調書の伝聞証拠該当性

↓

２　321条１項２号前段の要件検討

手続的正義の観点から公正さを欠くと認められる場合は証拠能力なし

↓

あてはめ

↓

３　署名・押印があれば，証拠能力あり

解答例

第１　Ｗ１調書について

１　Ｗ１調書を証拠として採用するには，証拠能力が認められなければならない。

Ｗ１調書は，「公判期日における供述に代えて書面を証拠」（320条１項）とするものであり，要証事実たるＸの犯人性との関係で内容の真実性が問題となるので，原則として証拠能力は否定される。

←伝聞証拠該当性は明らかなのでアッサリと

２　では，伝聞例外に当たらないか。本件では，321条１項２号後段の要件を検討する必要がある。

←321条１項２号後段

(1)　まず，本件では，Ｗ１は一度証人として公判廷で証言した後（以下，この証言を「甲証言」という。），検面調書が作成され（以下，Ｗ１調書に記載されたＷ１の供述を「乙供述」という。），再喚問して証人尋問したところ，検面調書と異なる証言（以下，「丙証言」という。）をしている。そこで，乙供述は「前の供述」に当たるかが問題となる。

←「前の供述」の意義

確かに，このような取調べは，公判中心主義との関係で望ましいものではない。

←論証

しかし，丙証言との関係においては，乙供述は「前の供述」である。丙証言の証言がなされた際に反対尋問をすることができることからしても，同条の趣旨に反しない。また，このような場合には「前の供述」に当たるとした上で，特信性の要件を厳格に検討した方が，具体的妥当性に資する。

したがって，乙供述は「前の供述」に当たると解する。

ただし，特信情況は慎重に判断されるべきである。具体的には公判廷の証言に信用性が欠けるとか，弁護人の立会いの下で調書が作成されたなどの事情が必要になると解する。

(2)　次に，「相反するか若しくは実質的に異つた供述」とは，他の証拠又は他の立証事項とあいまって，異なる認定を導くようになる場合をいう。より詳細な供述をする場合もこれに当たる場合があると解すべきである。

←「相反するか若しくは実質的に異つた供述」の意義

Ｗ１調書の内容と丙証言では，供述の精度・確度が異なるため，事実認定の上で，異なる認定を導くといえる。

したがって，「相反するか若しくは実質的に異つた供述」であるといえる。

(3)　最後に，特信情況（同号後段）について検討する。

←特信情況

特信情況は，前の供述との相対的特信情況が認められれば足りる。

←論証

また，特信情況は，条文の位置から証拠能力の要件というのが妥当である。そうだとすれば，外部的付随的事情のみから特信情況を判断するのが素直である。

ただし，外部的付随的事情の他に，この事情を推認する資料とする限度で供述内容を斟酌することができると解すべきである。321条１項２号後段は，検面調書と公判廷供述とが「相反するか若しくは実質的に異つた」ことをも証拠能力取得の要件としており，ある程度供述内容に立ち入ることを予定しているのである。

本問において，丙証言はXが所属している組の暴力団員が傍聴に来ている中で実施されており，W１が畏怖した状況においてなされていたといえる。一方で，乙供述がなされた際の取調べには，Xの弁護人が立ち会っていたのだから，比較的平穏な態様で取調べが行われたものと考えられる。乙供述の方が詳細なことからも，検察官の面前では，圧迫もなく平静な心で記憶のままに供述したであろうという外部的事情が推認できる。 ←あてはめ

したがって，相対的特信情況が認められる。

3　以上より，W１の署名・押印がある限り，321条１項２号後段により，証拠能力が認められる。

第２　W２調書について

1　W２の供述録取書は，「公判期日における供述に代えて書面を証拠」（320条１項）とするものであり，要証事実たるXの犯人性との関係で，内容の真実性が問題になるので，原則として証拠能力は認められない。 ←ここも伝聞証拠該当性は明らかなのでアッサリ

2⑴　では，伝聞例外に当たるか。本件では，321条１項２号前段の要件を検討する。 ←321条１項２号前段

W２は退去強制手続を受けているから，事実としては，事実としては，「国外にいるため公判準備若しくは公判期日において供述することができない」ことは明らかである。実質的にみても退去強制手続と刑事手続は別個の手続であり，検察官は退去強制に対して影響力を行使することもできないから，これを否定する理由もない。 ←論証

⑵　しかしながら，検察官が，当該外国人がいずれ国外に退去させられ公判準備又は公判期日に供述することができなくなることを認識しながら，殊更そのような事態を利用しようとしたような場合に「国外にいる」として証拠能力を認めることは，憲法37条２項が被告人に反対尋問権を保障した趣旨を害し，妥当でない。

そこで，当該外国人の検面調書を証拠請求することが手続的正義の観点から公正さを欠くと認められる場合には，これを事実認定の証拠とすることが許容されないこともあると解すべきである。

⑶　本問では，検察官は，W２が強制送還されるおそれがあることを事前にXの弁護人に通知していたが，Xの弁護人は，証拠保全請求等をしていなかった。そうすると，Xの手続的保障は十分であったといえ，手続的正義の観点から公正さを欠くと認められる場合には当たらない。 ←あてはめ

3　そして，条文上，特信情況は要求されていないので，本件では，W２の署名・押印がある限り，321条１項２号前段により証拠能力が認められる。　以　上

● 合格者の問題メモ

⑴　暴力団員であるＸがＶを殺害したとして起訴された公判において，目撃者として証人尋問を受けたＷ１は，検察官の質問に対し，「Ｘに似たような人がＶを殺したのを見たのは確かだが，それがＸかどうかは分からない。」旨の証言をした。

⑵　そこで，検察官は，Ｘの弁護人立会いの下，期日後にＷ１を取り調べ，「証人尋問の際は，緊張していましたし，Ｘの知り合いと思われる複数の暴力団員が傍聴席にいて恐かったので，うまく証言できませんでしたが，今，思い返してみると，Ｖを殺したのはＸに間違いありません。というのも，Ｘは，身長１８０センチメートル中肉の男であり，切れ長の目をしている所や額に傷があるところまで，私が見た犯人とそっくりだからです。」という供述録取書（以下「Ｗ１調書」という。）を作成した。

⑶　また，検察官は同じく目撃者として名乗りを上げた外国人Ｗ２を取り調べ，「ＸがＶを殺したのを見た。」という内容の供述録取書（以下「Ｗ２調書」という。）を作成した。

しかし，Ｗ２は取調べを受けている間に不法滞在者であることが発覚したため，強制送還の手続が採られた。検察官は，Ｘの弁護人に対して，Ｗ２が強制送還される恐れがあることを伝えていたが，Ｘの弁護人は何ら措置を採っていなかった。

⑷　次回期日において，検察官はＷ１調書及びＷ２調書を証拠調べ請求したが，Ｘ側がこれを不同意とする証拠意見を述べた。そこで，検察官は改めてＷ１の証人尋問を請求した。Ｗ１に対する証人尋問は，前回同様に，Ｘが所属している組の暴力団員が傍聴に来ている中で実施され，Ｗ１は，「Ｘが犯人だとは思うが，大した根拠はない。」と証言した。

⑴から⑷の事実を前提として，裁判所は，Ｗ１調書及びＷ２調書を証拠として採用することができるかについて，論じなさい。

● 合格者の答案構成

1 W1 →伝聞→例外にあたるか（321Ⅰ②後段）
「前の供述」といえるか。
「実質的に異なった」にあたるか。

2 W2 →伝聞→例外（321Ⅰ②前段）
「国外にいる」にあたる。しかし、強制送還されることが分かっていた→証拠禁止にあたるのではないか。

合格者の答案例

1　W1調書とW2調書を証拠として採用するには、証拠能力が認められる必要がある（317条）。そして、証拠能力が認められるためには、自然的関連性・法律的関連性が認められ、証拠禁止にあたらないことが必要である。

W1調書とW2調書は、Xの犯人性を立証するために用いられており、必要最小限度の証明力を有するので、自然的関連性は認められる。そこで、以下、他の要件を満たすか、それぞれ検討する。

2　W1調書は、「公判期日における供述に代えて書面を証拠」とする場合に該当し、Xの犯人性を立証するために用いる際には、内容の真実性が問題となるので、伝聞証拠にあたり、原則として証拠能力が否定される（伝聞法則、320条1項）。そうすると、伝聞例外の規定（321条以下）の要件を満たさない限り、証拠能力が認められない。そこで、伝聞例外にあたるか。W1調書は「検察官の面前における供述を録取した書面」にあたるので、321条1項2号後段の要件を満たすかが問題となる。

(1)　W1には、2号前段に該当するような供述不能事由はないので、2号後段の要件を検討することになるが、まず、W1調書における供述が「前の供述」にあたるか。本問では、W1は、公判において証人として一度供述をし（供述①）、その後、検察官の取調べによりW1調書の内容となる供述を行い（供述②）、さらに、改めてW1を証人尋問した際に供述をしている（供述③）。供述①との関係では、供述②は「前の供述」にあたらないことから、供述③との関係で「前の供述」としてよいかが問題となる。

ア　この点、伝聞例外の要件として「前の供述」としている趣旨は、その後の公判における供述を要求し、被告人の反対尋問権（憲法37条2項）を保障する点にある。そうすると、調書作成後に反対尋問の機会があったのであれば法の趣旨に反しない。

イ　したがって、本問でも、供述③が行われている以上、供述②は「前の供述」にあたる。

(2)　次に、供述②と③について、供述③は「実質的に異なった供述」といえるか、その意義が問題となる。

ア　この点、公判での供述より、検察官の面前での供述の方がより詳細であるだけで、かかる要件を満たすとすると、公判中心主義（303条等）や反対尋問権との関係で妥当でない。321条1項2号本文は、特に証拠とする必要性が高い場合を想定したものであるから、「実質的に異なった供述」とは、他の証拠等と相まって、異なる認定を導くような供述をさすものと解する。

イ　供述③は、Xの犯人性について根拠はない旨のあいまいな供述であり、供述②とは異なる認定を導くような供述にあたる。したがって、「実質的に異なった供述」をしたときにあたる。

(3)　さらに、2号後段はただし書で相対的特信情況が要求されている。

ア　相対的特信情況の判断については、かかる要件が伝聞例外とする許容性の要件であり、証拠能力を認めるための要件であることからすれば、供述内容には原則として触れず、公判期日や取調べ時の外部的客観的状況から判断するものと解する。ただし、叙述の真し性を推認する限度で供述内容を考慮することも許されると解する。

イ　本問について検討すると、公判における供述③では、Xが所属している暴力団の組員が傍聴席にいることから、W1には不安や恐怖・緊張等からうまく証言できない情況があったと認められる。一方、取調べ時は、暴力団員による圧迫もなく、記憶どおりの供述をできる情況であったとみることができる。供述③に比べ、圧倒的に詳細な供述となっていることからも、供述④の方が真しに供述していると推認することができる。したがって、相対的特信情況は認められる。

なお、W1の供述は、犯人識別供述にあたり、供述③では「今思い返してみると」などと述べていることから、一度、公判廷で人を見たことにより、Xを犯人と思い込んだのではないかとも思われるが、これは、供述の信用性の問題であって、証拠能力には影響しないと解する。

(4)　以上より、W1調書は、321条1項2号後段の要件を満たし、証拠能力が認められる。

3　W2調書は、W1調書と同様、伝聞証拠であり、検察官が作成していることから、321条1項2号の要件を満たすかが問題となる。

(1)　W2は、強制退去されていることから、形式的には、供述不能事由である「国外にいる」の要件を満たし、2号前段の要件を満たす。

(2)　しかし、本問では、検察官は、強制退去されるおそれがあることを知りつつW2調書を作成している。このような場合でも、証拠能力を認めてよいか。

ア　この点、常に証拠能力を認めてしまうのも、反対尋問権の保障の点から問題があり、強制退去されることを知りつつ、あえて調書を作成したような場合は、証拠能力を否定すべきである。そこで、調書作成の際の事情を考慮し、手続的正義の観点から問題があるような場合は、証拠禁止の法理より、証拠能力が否定されると解する。

イ　本問では、検察官は、強制退去されるおそれを認識していたにすぎない。しかも、そのことを弁護人にも伝えていた。したがって、手続的正義の観点から問題があるとはいえない。

(3)　よって、W2調書の証拠能力は認められる。

以上

第16問

甲は，①交差点において赤色信号を殊更に無視し，かつ，重大な交通の危険を生じさせる速度で自動車を運転し，通行人を死亡させたとして，危険運転致死罪で起訴された。公判において，②検察官は，事故を目撃したAを現場に立ち会わせて実施した実況見分の結果を記載した司法警察員作成の実況見分調書の証拠調べを請求したところ，甲の弁護人は，「不同意」との意見を述べた。

③その実況見分調書には，⑴道路の幅員，信号機の位置等交差点の状況，⑵Aが指示した自動車と被害者の衝突地点，⑶甲の自動車が猛スピードで赤色信号を無視して交差点に侵入してきた旨のAの供述，が記載されていた。

裁判所は，この実況見分調書を証拠として取り調べることができるか。

（旧司法試験　平成18年度第2問）

出題論点

- 伝聞非伝聞の区別……………………………………………………………A
- 実況見分調書の証拠能力……………………………………………………A
- 実況見分調書における指示説明部分の証拠能力…………………………A

問題処理のポイント

本問は，実況見分調書における現場指示と現場供述の区別を問うものです。旧司法試験平成18年度第2問で出題された問題をそのまま用いています。

伝聞非伝聞の区別を実況見分調書の形で問うているのですが，結局は，第14問で解説した「要証事実との関係で相対的に決せられる」というルールを事案に合わせて使いこなすことができるかどうかがポイントになります。

なお，この点に関連して，最決平17.9.27【百選83】という超重要判例もありますので，本問と併せて確認しておいてください。

■ 答案作成の過程

1 実況見分調書全体の証拠能力

1 伝聞証拠該当性

②事故を目撃したAを現場に立ち会わせて実施した実況見分の結果を記載した司法警察員作成の実況見分調書（以下「本件調書」といいます）全体が伝聞証拠に該当することは明らかです。

2 伝聞例外の要件

実況見分調書の証拠能力について，判例は，「刑訴321条３項所定の書面には捜査機関が任意処分として行う検証の結果を記載したいわゆる実況見分調書も包含するものと解するを相当」とするとしており，321条３項の伝聞例外によるという立場です（最判昭35.9.8【百選A39】）ので，本件調書を作成した司法警察員の真正作成証言を要件として証拠能力が認められることになります。

2 (1)〜(3)の証拠能力

1 現場指示と現場供述

第14問でも解説した通り，③(1)〜(3)が伝聞証拠に該当する場合には，別途伝聞例外の要件が必要となります。そこで，(1)〜(3)が伝聞証拠に該当するか否か検討していきましょう。

本問のように，実況見分に目撃者や被告人を立ち会わせた場合に，その者の供述を書面に書き込むことがあります。これが独立した供述証拠になるのかどうかは，現場指示と現場供述の区別として従来から議論があります。

現場指示とは，見分すべき対象を特定するための立会人の指示説明のことを指します。例えば，交通事故の事案では，被疑者が事故現場のガードレールの破損箇所を指して，「自車が最初に接触したところです。」と説明し，捜査官がこれに基づいて，同箇所を見分し写真撮影するというようなことが行われます。このような指示説明は，見分の動機・手段となるべきものであり，実況見分調書に記載されていても，その内容の真実性を別にして，見分の趣旨（事件との関連性）を示す限度で証拠価値を認めることが可能です。そのため,「現場指示」に関しては,捜査官がこのような説明を聞くことも実況見分の一部であるとみなし，これを録取した部分は，上記のように調書と一体のものとして，321条３項で証拠能力を認めることができると解するのが判例（最判昭36.5.26）であると解されています。

他方，現場供述とは,「現場指示」の要素を含まない立会人の事件に関する説明のことを指します。例えば，先の交通事故の事案では，その現場での実況見分の際，被疑者が,「私は，当時酒に酔っていたせいもあってどの辺りでハンドルを切ったかはよく覚えていません。」などと述べた場合がこれに当たるとされています。これは，実況見分の機会に，事件に関する供述をしたにすぎず，見分の動機・手段となるべき要素がありません。

したがって，捜査官がこのような説明を聞いたことを，「現場指示」と同様に，見分の一部とみなすことは困難です。また，この部分は，供述内容の真実性を度外視すると何らの証拠価値も有しないことになるため，通常供述内容の真実性を立証のために用いられているとみなさざるを得ません。

現場指示と現場供述の区別も，結局は，伝聞と非伝聞の区別に収斂します。要証事実が，供述内容たる犯罪事実そのものであれば伝聞（現場供述），そうでなければ非伝聞（現場指示）です。

2 ⑴の証拠能力

⑴は，まさに実況見分の内容そのものであり，Aの供述は含まれていないので，これは現場指示・現場供述の区別とは関係がありません。

本件調書と一体のものとして，証拠能力が認められます。

3 ⑵の証拠能力

⑵には，Aの「ここで自動車と被害者が衝突した」といった供述が書き込まれているものと思われます。もっとも，これは，自動車と被害者の衝突の事実そのものを立証する趣旨ではなく，なぜその場所を見分したのか，という動機を示すものであると考えられます。

したがって，現場指示に当たり，独立した供述証拠にはならないと解すべきでしょう。

4 ⑶の証拠能力

⑶は，①要証事実たる信号無視及び重大な交通の危険を生じさせる速度での運転という事実（旧刑法208条の２第２項後段）との関係で，Aの供述内容の真実性が問題となります。

したがって，現場供述に当たり，独立した供述証拠となると見るべきでしょう。

なお，このように見た場合のAの供述記載部分の法的性格については議論がありますが，Aの供述録取書としての性質を併有することになると考えられます（前掲最決平17.9.27【百選83】参照）。

したがって，321条１項３号の要件が必要となりますが，本問ではAの署名・押印があるとか，Aが供述不能であるという事情は見当たりませんので，この部分の証拠能力は否定されることになります。

3 出題趣旨

最後に法務省が公表した出題趣旨を掲げておきます。

「本問は，交通事故事件において証拠上重要な役割を負う実況見分調書を素材として，実況見分における立会人の指示説明の性質とその証拠能力に関する基本的な理解を問うことによって，伝聞証拠に関する刑事訴訟法の基本的な知識の有無と具体的事案に対する応用力を試すものである。」

■ 答案構成

第１　実況見分調書全体の証拠能力

　１　伝聞証拠該当性

　　↓

　２　伝聞例外の要件

　　↓

　　321条３項説

第２　⑴～⑶の証拠能力

　１　⑴について

　　↓

　　本件調書と一体として証拠能力あり

　２　⑵について

　　↓

　　現場指示

　　本件調書と一体として証拠能力あり

　３　⑶について

　　↓

　　現場供述

　　321条１項３号の要件が必要

　　↓

　　証拠能力なし

■解答例

第１　本問における実況見分調書（以下「本件調書」という。）全体の証拠能力

１　実況見分調書は，実況見分を行った者が，場所，物，又は人の形状，性質を五官の作用で感知した結果について記載した供述書であるところ，本件調書は，「公判期日における供述に代えて書面を証拠と」するものであり，内容の真実性が問題となることは明らかである。

よって，証拠能力が認められないのが原則である（320条１項）。

２　もっとも，321条以下の例外要件を満たせば，証拠能力が認められる。

この点について，検証については321条３項が存在するものの，実況見分調書について例外を定める明文の規定は存在しない。

しかし，検証と実況見分との差は強制処分であるか任意処分であるかという点だけで，検証活動の性質に相違はない。また，公判廷で調書の内容について反対尋問が可能である。

よって，実況見分調書も「検証の結果を記載した書面」に当たり，321条３項により証拠能力を認めることができると解するべきである。

以上を前提に本問⑴～⑶の内容について検討する。

第２　⑴～⑶の記載の証拠能力

←実況見分調書全体の証拠能力

←伝聞証拠に該当することは明らか

←論証

１　⑴について

⑴道路の幅員，信号機の位置等交差点の状況についての記載は，実況見分を行った者が，場所について五官の作用で感知した結果についての記載であり，実況見分の内容そのものといえる。

したがって，321条３項の要件たる供述者の証人としての尋問による真正作成供述があれば，証拠として取り調べることができる。

２　⑵について

ｉ　⑵Ａが指示した自動車と被害者の衝突地点についての記載はＡによる同内容の報告とみることもできる。仮に，この点に伝聞法則が適用されるならば，重ねて伝聞例外の要件を満たさない限り，証拠能力が認められることはない。

ii　伝聞証拠が原則として証拠能力が認められないとされている趣旨は，類型的に供述証拠に内在する供述内容の誤りをチェックすることができないためである。そうだとすれば，供述内容の真実性が問題とならない場合には，そもそもチェックの必要性がなく，伝聞証拠とみる必要はない。

iii　ここで，Ａによる現場指示といえる指示説明部分は，実況見分の動機ないし手掛かりを明らかにしたものであって，指示された内容の真実性が問題となるわけではない。

よって，⑵は非伝聞といえる。

←⑴について

←⑵について

←論証

⑵⑶で伝聞非伝聞の区別がクローズアップされるので，ここで伝聞法則の趣旨を論じることにしました

←あてはめ

以上から，(2)は，実況見分調書と一体をなすものとして，321条３項の要件を満たせば，証拠として取り調べることができる。

3　(3)について

←(3)について

i　(3)甲の自動車が猛スピードで赤色信号を無視して交差点に侵入してきた旨のＡの供述についての記載は，実況見分の動機ないし手掛かりを明らかにするものとはいえない。

←あてはめ

これは信号無視及び重大な交通の危険を生じさせる速度での運転（旧刑法208条の２第２項後段）に該当する事実を要証事実とするものであり，Ａの供述内容の真実性が問題となるといえる。

供述内容の真実性が問題となる場合には，伝聞法則の趣旨である反対尋問等による供述内容の真実性のチェックを及ぼすため，独立して320条１項が規定する伝聞証拠に該当するとみなければならない。

具体的には，この部分は，Ａの供述録取書としての性質を併有することになるから，321条１項３号の要件が満たされなければ，この部分の証拠能力は認められない。

ii　この場合,「供述者」であるＡの「署名若しくは押印」(321条１項柱書）が必要だが，本問では，この要件を満たすというような事情は見当たらない。

←321条１項３号の要件検討
供述不能等の実体的要件でも切れるでしょう

iii　したがって，(3)部分には証拠能力は認められない。

以　上

● 合格者の問題メモ

甲は，交差点において赤色信号を殊更に無視し，かつ，重大な交通の危険を生じさせる速度で自動車を運転し，通行人を死亡させたとして，危険運転致死罪で起訴された。公判において，検察官は，事故を目撃したAを現場に立ち会わせて実施した実況見分の結果を記載した司法警察員作成の実況見分調書の証拠調べを請求したところ，甲の弁護人は，「不同意」との意見を述べた。

326条

その実況見分調書には，(1)道路の幅員，信号機の位置等交差点の状況，(2)Aが指示した自動車と被害者の衝突地点，(3)甲の自動車が猛スピードで赤色信号を無視して交差点に侵入してきた旨のAの供述，が記載されていた。

裁判所は，この実況見分調書を証拠として取り調べることができるか。

（旧司法試験　平成１８年度　第２問）

● 合格者の答案構成

1 実況見聞調書は伝聞にあたる

例外規定の321条3項を適用できるか

→できる

2 (1)は正に実調の内容

(2)は指示説明

(3)…Aの供述であって、内容の真実性が

問題となる→(3)だけは、別途、伝聞

例外の要件を満たす必要がある。

合格者の答案例

1　実況見分調書は、「公判期日」における供述に代えて書面を証拠とするものであるから、原則として証拠能力は否定される（伝聞法則、320条1項）。

(1)　ここで、伝聞法則の趣旨は、供述証拠には知覚・記憶・叙述の過程があり、それぞれに誤りが入る危険があることから反対尋問等により正確性を吟味する必要があるが、伝聞証拠の場合には反対尋問等による正確性の担保ができないので、証拠能力を否定する点にある。かかる趣旨から、正確性を審査する必要がない場合は、伝聞証拠と見る必要はないはずである。そこで、供述の内容の真実性が問題となる場合は伝聞証拠にあたり、伝聞証拠にあたるか否かは、要証事実との関係で相対的に決まるものと解する。

(2)　実況見分調書に関しては、その記載内容の真実性が問題となるので、伝聞証拠にあたる。

2　そうすると、証拠能力が認められるためには、伝聞例外の規定（321条以下）の要件を満たさなければならない。そこで、どの規定が適用されるかであるが、緩やかな要件を定めている321条3項が適用できないか。

(1)　321条3項が緩やかな要件で伝聞例外を定めた趣旨は、検証結果を口頭で伝えるのは困難であり、書面を用いる必要性が高いこと及び、作成の主体が公務員であり、内容も専門的訓練を受けた捜査機関が認識した結果を客観的に記載したものであり、信用性の情況的保障が認められる点にある。そして、実況見分と検証は任意処分か強制処分かの違いにすぎず、上記趣旨がそのまま妥当する。

したがって、実況見分調書にも321条3項が適用できると解する。

(2)　よって、作成者たる警察官が証人尋問を受けた作成名義及び内容の真正を証言すれば、321条3項により、本件実況見分調書に証拠能力が認められる。

3　そして、記載①については、現場の状況を五官の作用によって認識した結果を記載したものであり、実況見分の内容そのものである。したがって、実況見分調書と一体のものであり、321条3項を満たすことにより、証拠として取り調べることができる。

4　記載②については、Aの指示したとあることから、Aの供述を記載したものである。そして、記載②が伝聞証拠にあたるのであれば、321条3項とは別に、伝聞例外の要件を満たす必要がある。そこで、記載②が伝聞証拠にあたるか。

この点、要証事実が衝突したのはどの地点かということにあれば、Aの供述内容の真実性が問題となる。もっとも、そのような事実を要証事実としているとは考え難く、記載②は、なぜその場所で実況見分を行ったのかという実況見分の動機を示したものとみるのが相当である。そうなると、記載②の要証事実は、Aがその地点を指示したこととなり、内容の真実性は問題とならない。

したがって、記載②は非伝聞であり、321条3項のみで証拠として取り調べることができる。

5　記載③も、Aの供述を記載したものである。そして、記載③については、~~本当に、記載とおりの事実があったのかということが問題となり内容~~

~~の真実性が問題となるので、伝聞証拠にあたる。~~

「甲の自動車が」「赤色信号を無視して交差点に侵入してきた」旨の供述が含まれていることから、その要証事実は、犯行の可能性等ではなく、実行行為にあたる事実そのものとみることができる。そうすると、本件記載どおりの事実があったのかが問題となり、内容の真実性が問題となる。したがって、記載③は伝聞証拠にあたり、321条3項とはまた別に伝聞例外の要件を満たす必要がある。

記載③は、司法警察員がAの「供述を録取した」ものとみることができるので、321条1項3号の要件を満たす必要がある。

したがって、記載③について証拠として取り調べるためには、321条3項の要件とは別に、321条1項3号の要件を満たし、Aの「署名若しくは押印」があること（321条1項柱書き）が必要となる。

以上

第17問

被告人甲は，①「被告人は…サバイバルナイフを用いてVを刺殺した。」旨の殺人罪で起訴された。検察官は，目撃者Wを証人として取調べ請求し，裁判所はこれを採用した。証人Wの証人尋問において，②Wは，「叫び声を聞いて現場に駆けつけたところ，その場から急ぎ足で立ち去る男性とすれ違った。その男性とは面識がなく，詳細な特徴は覚えてはいないものの，被告人に似ているように思う。」と証言した。しかし，③弁護人の反対尋問で，すれ違った男性の人相風体について追及されると，あいまいな証言に終始した。

(1) そこで，検察官は，④Wが現場付近ですれ違った男性の人相風体について詳細に供述した検察官面前調書の取調請求をした。裁判所はこの検察官面前調書を取り調べることができるか。

(2) 仮に，⑤(1)の証拠調べ請求が認められない場合，裁判所は，公判廷でのWの供述の証明力を増強する証拠として本件の検察官面前調書を取り調べることができるか。

出題論点

・相反供述又は実質的不一致供述……………………………………A
・「証明力を争う」「証拠」（328条）の範囲……………………………A

問題処理のポイント

本問で伝聞法則の理解を問う問題は最後です。本問は，小問(1)(2)を通じて，証明力を争う証拠（弾劾証拠）の問題点を再度確認・理解してもらうことを目的としています。

証明力を争う証拠の意義については，最判平18.11.7【百選87】という重要判例がありますので，その趣旨に沿った論述をすることができるかどうかがポイントです。

なお，本問では問われていませんが，同判決は，「別の機会に矛盾する供述をしたという事実の立証については，刑訴法が定める厳格な証明を要する趣旨である」とも述べており，その意味についても解釈が分かれているところですので，併せて確認しておいてください。

1 小問(1)について

1 Wの検面調書（以下,「本件調書」といいます）の伝聞証拠該当性

本件調書を，①甲の殺人罪の犯罪事実を立証するために用いる場合，その供述内容の真実性が問題となり，伝聞証拠（320条１項）に該当することは明らかです。

2 伝聞例外の要件

②Wは，すれ違った男性が被告人に似ている旨証言したものの，③弁護人の反対尋問において，すれ違った男性の人相風体について追及されると，あいまいな証言に終始している一方で，④本件調書においては，詳細な供述をなしています。

そこで，321条１項２号後段の要件（「相反するか若しくは実質的に異つた」）を検討することになりますが，この要件解釈は**第15問**で行いましたので，そちらを参照してください。

本問でも他の証拠と相まって異なる事実認定を導く可能性がある限り，「相反するか若しくは実質的に異つた」供述に当たります。

したがって，Wの署名もしくは押印があり（321条１項柱書），かつ，「信用すべき特別の情況」（同条項２号後段）があると認められる場合には，321条１項２号後段の要件を満たし，裁判所は本件の検察官面前調書を取り調べることができます。

2 小問(2)について

1 前提事実

本小問では，⑤(1)の証拠調べ請求が認められていない場合を前提としています。したがって，321条１項２号後段の要件を満たさなかったことになります。そのような場合でも，本件調書をWの供述の証明力を増強する証拠として用いる場合には，証拠能力が認められるのでしょうか。

2 「証明力を争う」「証拠」（328条）の範囲

判例は,「証明力を争う」「証拠」（328条）の範囲について,「刑訴法328条は，公判準備又は公判期日における被告人，証人その他の者の供述が，別の機会にしたその者の供述と矛盾する場合に，矛盾する供述をしたこと自体の立証を許すことにより，公判準備又は公判期日におけるその者の供述の信用性の減殺を図ることを許容する趣旨のものであ」るとして，自己矛盾供述に限るとする限定説の立場に立っています（最判平18.11.7【百選87】)。この立場からすれば，328条は，非伝聞に伝聞法則の適用がないことを確認した規定であるということになります。

限定説を前提とすれば，自分の一致した供述を用いることになるので，本件調書を証明力を増強する証拠（増強証拠）として用いることは許されないと考えるのが自然です。

実質的に見ても，一致した供述の存在だけで，証言の信用性が増強されることにはなりませんので，より詳細な供述の方に供述内容の真実性が要求されるところ，このような証拠利用の方法はまさに伝聞証拠そのものであって伝聞法則の潜脱に他なりません。

このことは，小問(1)と比較してみるとよく分かります。小問(1)では，本件調書を犯罪事実の証明のために用いており，この場合は，伝聞証拠として320条1項の規制の網にかかり，321条以下の伝聞例外の要件を満たさない限り，証拠能力は認められません。そして，小問(2)では，その例外要件を満たさなかったのです。この場合に，犯罪事実を直接証明することを目的としているのではなく，供述の証明力を増強することを目的としているといいさえすれば，伝聞法則の規制を免れるとすれば，伝聞法則が骨抜きになってしまいます。増強証拠が伝聞法則の潜脱だといわれるのは，まさに本問のような事案が想定されているからなのです。

したがって，本件調書の証拠能力は認められないというべきです。

■答案構成

第1　小問(1)について

1　本件調書の伝聞証拠該当性

↓

2　321条1項2号後段の要件検討

↓

「相反するか若しくは実質的に異つた」の意義

↓

あてはめ

↓

署名・押印があり，「信用すべき特別の情況」があれば，証拠能力あり

第2　小問(2)について

1　証拠能力が認められないのが原則

↓

2　328条の要件を満たすか

↓

3　「証明力を争う」「証拠」の範囲

↓

限定説

↓

増強証拠が含まれるか

↓

否定説

解答例

第1　小問(1)について

1　Wが現場付近ですれ違った男性の人相風体について詳細に供述した検察官面前調書（以下「本件調書」という。）は「公判期日における供述に代えて書面を証拠と」するものであって，その内容の真実性が問題となるから，伝聞証拠として証拠能力が認められないのが原則である（320条1項）。

←伝聞証拠該当性

もっとも，321条以下の要件を満たせば例外的に証拠能力が認められる。ここで，検察官は，本件調書につき，321条1項2号後段による証拠採用を求めていると考えられる。

そこで，以下，321条1項2号後段の要件を満たすかについて検討する。

2(1)　本件調書における供述が公判廷供述よりも詳細であるが，このような場合も「相反するか若しくは実質的に異つた」供述といえるか，その意義が問題となる。

←321条1項2号後段の要件検討

この点について，「相反するか若しくは実質的に異つた」とは，他の証拠等とあいまって異なる認定を導くようになる場合をいうと解される。そして，より詳細な供述があれば，異なる認定を導く可能性があるといえる。

←論証

よって，供述がより詳細である場合も「相反するか若しくは実質的に異つた」といえると考える。

本件では，Wが現場ですれ違った男性の人相風体についてより詳細な供述があれば，被告人が犯人であるとの認定を導く可能性があるといえ，「相反するか若しくは実質的に異つた」といえる。

(2)　以上から，Wの署名もしくは押印があり（321条1項柱書），かつ，公判廷供述よりも「信用すべき特別の情況」（同条項2号後段）があると認められる場合には，321条1項2号後段の要件を満たし，裁判所は本件調書を取り調べることができる。

第2　小問(2)について

1　本小問においても，本件調書には証拠能力が認められないのが原則である。

←原則の指摘
限定説による限り，非伝聞として320条1項の規制にはかからないのですが，一応形式的には320条1項に該当することを示した方がよいように思います

2　もっとも，本小問において，検察官は，公判廷でのWの供述の証明力を増強する証拠として取り調べられたい旨述べているから，328条による証拠採用を求めていると考えられる。

そこで，本件調書が328条の要件を満たすか，「証明力を争う」「証拠」の範囲が問題となる。

3(1)　328条は，公判期日における供述が，別の機会にしたその者の供述と矛盾する場合に，矛盾する供述をしたこと自体の立証を許すことにより，公判期日におけるその者の供述の信用性の減殺を図ることを許容する趣旨のものであると考えられる。

←論証

逆に，自己矛盾供述以外の供述を用いる場合には，かかる供述の真実性を前提とすることになり，反対尋問権の保

障（憲法37条２項），直接主義の要請などの伝聞法則の趣旨が没却されてしまう。

したがって，自己矛盾の供述に限るとすべきである。すなわち，本条は弾劾目的で利用する場合には内容の真実性はそもそも問題とならないことを注意的に規定したにすぎないと解すべきである。

(2) そうすると，証明力を増強する場合は含まれないと解すべきである。証明力を増強する証拠として用いる場合には，供述調書中の供述の真実性を前提とすることとなり，まさに本来証拠能力のない証拠によって裁判官に心証形成させることになり，伝聞法則が骨抜きになってしまうからである。

←増強証拠を含むか

本小問に即していえば，小問(1)において321条１項２号後段によって証拠能力が認められない場合に，328条が脱法的に用いられるおそれがある。

←単に論証を吐き出すだけではなく，小問(1)との比較の視点を示しました

また，「証明力を争う」という文言からしても，証明力を増強する場合は含まれないと解するのが自然である。

したがって，証明力を増強する証拠は「証拠」には含まれないと解する。

(3) 以上から，裁判所は，本件調書を「証明力を増強する趣旨」で取り調べることはできない。

以　上

● 合格者の問題メモ

被告人甲は，「被告人は…サバイバルナイフを用いてVを刺殺した。」旨の殺人罪で起訴された。検察官は，目撃者Wを証人として取調べ請求し，裁判所はこれを採用した。証人Wの証人尋問において，Wは，「叫び声を聞いて現場に駆けつけたところ，その場から急ぎ足で立ち去る男性とすれ違った。その男性とは面識がなく，詳細な特徴は覚えてはいないものの，被告人に似ているように思う。」と証言した。しかし，弁護人の反対尋問で，すれ違った男性の人相風体について追及されると，あいまいな証言に終始した。

⑴　そこで，検察官は，Wが現場付近ですれ違った男性の人相風体について詳細に供述した検察官面前調書の取調請求をした。裁判所はこの検察官面前調書を取り調べることができるか。

⑵　仮に，⑴の証拠調べ請求が認められない場合，裁判所は，公判廷でのWの供述の証明力を増強する証拠として本件の検察官面前調書を取り調べることができるか。

● 合格者の答案構成

(1) 321 Ⅰ②後段を満たすか。「前の供述」にあたる。
「実質的に異なった」といえるか。→より詳細な場合も含まれる。
相対的特信情況があるか。

(2) 供述の証明力→328条
「争う」に増強まで含まれるか。
→伝聞法則が没却されるので含まれない。

合格者の答案例

第1　小問(1)について

1　Wの検察官面前調書は、「公判期日における供述に代えて書面を証拠」とする場合に該当するので、原則として証拠能力が否定される(伝聞法則，320条1項)。したがって、裁判所がこの検察官面前調書(以下本件調書)を取り調べるためには、伝聞例外の規定(321条以下)を満たし、本件調書に証拠能力が認められる必要がある(317条)。

2　本問では、Wに供述不能事由(321条1項2号前段)は認められないため、以下、321条1項2号後段の要件を満たすか検討する。

(1)　本件調書は、Wの証人尋問前に作成されていたので、Wの公判期日の供述に対し、本件調書のWの供述は「前の供述」にあたる。

(2)　本件調書は、Wの証言に比べより詳細に男性の人相風体について供述しているが、結論や内容において「相反する」ものではない。そこで、「実質的に異なった供述」といえるか、その意義が問題となる。

ア　この点、単により詳細な供述にすぎない場合は、反対尋問権(憲法37条2項)や公判中心主義(303条)との関係で、証拠とすべきでない。もっとも、2号後段は前段と同様、証拠とする必要性が高い場合を規定したものと考えられ、両供述が異なった結論を導く場合も、「相反する」場合と同じく証拠とする必要性は高い。したがって、より詳細な供述も、他の証拠等と相まって異なる結論を導くような場合は、「実質的に異なった供述」といえると解する。

イ　本問では、本件調書において男性の人相風体をより詳細に供述していることから、現場ですれ違った男性が甲であると認定される可能性が高い。一方で、証言内容は、男性の特徴等に関して述べることもなく、あいまいな供述をしており、甲と認定されるとは考え難い。したがって、両者は異なった結論を導くものといえ、「実質的に異なった供述」の要件も満たす。

(3)　ただし、2号後段はただし書で相対的特信情況が要求されている。本問では、~~供述の信用性に影響を与える事情が明らかでないが、本件調書の供述が信用できるような情況があれば~~

書の供述の方が、公判期日における供述よりも信用できる情況にあれば、かかる要件も認められる。

3　以上より、相対的特信情況が認められれば、本件調書の証拠能力が認められ、裁判所は証拠として取り調べることができる。

第2　小問(2)について

1　本問では、検察官は本件調書をWの供述の証明力を増強するために取調べ請求していることから、328条を根拠としているといえる。328条は、「供述の証明力」を「争うため」としているが、証明力を増強する場合も「争うため」といえるか、328条の意義と関連して問題となる。

(1)　328条が伝聞例外の規定とみれば、証拠となり得る「書面又は供述」は、誰の供述を内容とするものでもよく、「争うため」とは弾劾な場合だけでなく、増強する場合まで含むと解し得る。

しかし、328条は、同じ者が矛盾した供述をしていたことを立証することにより、その者の供述の証明力を減殺する場合は、矛盾した供述をしたという事実が要証事実となり、そもそも伝聞証拠にあたらないことを注意的に規定したものと解する。このように解さなければ、本来伝聞法則により証拠能力が認められない証拠を、内容が真実であることを前提に取り調べることになり、伝聞法則が骨抜きになるからである。

このように解すると、証拠となり得る供述は、~~その者の~~供述者の他の供述に限られ、さらに矛盾する供述に限られる。また、「争う」とは、自己矛盾供述によって減殺を図る場合である弾劾目的に限られる。たとえ同一人の供述であっても、証明力の増強を目的とするときは、供述内容が真実であることが前提となってしまうからである。

(2) したがって、本問では、328条を根拠に、Wの供述の証明力を増強するための証拠として、本件調書を取り調べることはできない。

以上

第18問

司法警察員Pらは，かねてから覚せい剤密売の嫌疑のあるXに対して内偵捜査を進めていたが，①Xが他県の暴力団関係者から宅配便により覚せい剤を仕入れている疑いが生じた。もっとも，②Xは捜査機関の摘発を最大限に警戒していたため，Pらは覚せい剤の入手方法については全く見当がついていない状況であった。そこで，Pらは，宅配便業者のA営業所に対して，Xの自宅に係る宅配便荷物の配達状況について照会等をした。その結果，X宅には短期間のうちに多数の荷物が届けられており，それらの配送伝票の一部には送り主の住所記載欄に実在しない住所が記載されているなどの不審な記載があることが判明した。かかる情報を入手したPらは，③X宅に配達される予定の宅配便荷物のうち不審なものを借り出してその内容を把握する必要があると考え，④A営業所の長であるBに対し，協力を求めたところ，承諾が得られたので，合計5回にわたり，⑤X宅に配達される予定の宅配便荷物各1個をA営業所から借り受けた上，エックス線検査を行った。その結果，1回目の検査においては覚せい剤とおぼしき物は発見されなかったが，2回目以降の検査においては，いずれも，細かい固形物が均等に詰められている長方形の袋の射影が観察された（以下，これら5回の検査を「本件エックス線検査」という。）。なお，本件エックス線検査を経た上記各宅配便荷物は，検査後，A営業所に返還されて通常の運送過程下に戻り，X宅に配達された。また，⑥Pらは，本件エックス線検査について，荷送人及び荷受人の承諾を得ていなかった。

なお，⑦エックス線検査とは，対象物に外部からエックス線を照射して内容物の射影を観察することをいい，その射影によって荷物の内容物の形状や材質をうかがい知ることができる上，内容物によってはその品目等を相当程度具体的に特定することも可能なものである。

後日，⑧Pらは，本件エックス線検査の射影の写真等を疎明資料の一部として捜索差押許可状の発付を得て，X宅の捜索を行った。そして，⑨先日の本件エックス線検査を経て配達された宅配便荷物の中及び家宅内の机の引き出しから覚せい剤（以下「本件覚せい剤」という。）が発見されたため，これを差し押さえた。

(1) 本件エックス線検査の適法性について論ぜよ。

(2) 本件覚せい剤の証拠能力について論ぜよ。

■ 出題論点

・「強制の処分」(197条1項ただし書)の意義……A
・令状なきエックス線検査の可否……A
・違法収集証拠排除法則……A
・毒樹の果実……A

■ 問題処理のポイント

本問は，令状なきエックス線検査を違法とした最決平21.9.28【百選29】(以下「平成21年決定」といいます)を素材とする問題です。

強制捜査と任意捜査の区別に関しては最決昭51.3.16【百選1】(以下，「昭和51年決定」といいます)があり，同決定の意義を自分なりに解釈した上で，本問のような有形力行使を伴わない処分が問題となる事案についてどのように考えるのか，答案に示す必要があります。

なお，本問とは直接の関係がありませんが，近時GPS捜査が強制処分に該当するとした重要判例(最大判平29.3.15【百選30】)が出されていますので，平成21年決定と併せて確認しておいてください。

次に，違法収集証拠排除法則に関しては，最判昭53.9.7【百選90】(以下「昭和53年判決」といいます)があります。違法重大性と排除相当性の関係や，それぞれの要件をどのような要素を考慮して認定していくのか，確立しておかなければなりません。

さらに，派生証拠が問題となる場合には，違法性の承継や毒樹の果実といった応用的論点が登場します。この点に関しては，最判平15.2.14【百選92】(以下「平成15年判決」といいます)があります。同判決の読み方に関しても様々な見解がありますので，違法性の承継や毒樹の果実の関係も踏まえ，自分なりの見解に従って，筋道を立てて具体的事案の処理を行うように心がけましょう。

■ 答案作成の過程

1 小問⑴について

1 「強制の処分」(197条1項ただし書)の意義

この点に関しては，昭和51年決定があり，「強制手段とは，有形力の行使を伴う手段を意味するものではなく，⒜個人の意思を制圧し，⒝身体，住居，財産等に制約を加えて⒞強制的に捜査目的を実現する行為など，⒟特別の根拠規定がなければ許容することが相当でない手段を意味する」(⒜〜⒟，下線部は筆者が挿入)と述べています。

⒞⒟は，それぞれ，強制処分，強制処分法定主義を言い換えただけのものですので，実質的な意味はもたないと解されています。そこで，⒜⒝をどのように解釈するのかがポイントとなります。ここでは，見解の対立には深入りしませんが，現在の通説は，⒝を中核に据え，相手方の明示又は黙示の意思に反して，その重要な権利・利益を実質的に制約する処分であると捉えています(以下，この見解を「A説」といいます)。

これに対して，⒜にも独自の意義を与える見解があります。この見解は，(重要な)利益に対する侵害性が利益の剥奪にまで至っていることが強制処分性を決定づけるとします(以下，この見解を「B説」といいます)。

2 本件エックス線検査が「強制の処分」(197条1項ただし書)に該当するか

本件エックス線検査が，仮に「強制の処分」に該当するとすれば，「特別の定」が必要になります。「特別の定」がなければ，その時点で本件エックス線検査は違法となります。また，仮に，「特別の定」があったとしても，その要件を満たしていなければ，やはり本件エックス線検査は違法となります。

そこで，本件エックス線検査が「強制の処分」に該当するか否かが問題となります。

A説によると，⑦本件エックス線検査は，その射影によって荷物の内容物の形状や材質をうかがい知ることができる上，内容物によってはその品目等を相当程度具体的に特定することも可能であって，荷送人や荷受人の内容物に対するプライバシー等を大きく侵害するものとして，重要な権利・利益を制約するといえます。また，⑥Pらは本件エックス線検査について，荷送人及び荷受人の承諾を得ていなかったものの，荷送人らがこれを知れば当然承諾しないでしょうから，相手方の黙示の意思に反するものといえます。

一方，B説も，本問のような有形力行使を伴わない事案では，処分の相手方の反対意思を形成する機会を全く与えず，これを実施すれば被処分者の権利を完全に侵害するというものであり，意思制圧と価値的に同視しうるとしますので，結論は変わりません。

いずれにしても，本件エックス線検査は，「強制の処分」に該当します。

平成21年決定も，本問と同様の事案において，「本件エックス線検査は，荷送人の依頼に基づき宅配便業者の運送過程下にある荷物について，捜査機関が，捜査目的を達成するため，荷送人や荷受人の承諾を得ることなく，これに外部からエックス線を照射して内容物の射影を観察したものであるが，その射影によって荷物の内容物の形状や材質をうかがい知ることができる上，内容物によってはその品目等を相当程度具体的に特定することも可能であって，荷送人や荷受人の内容物に対するプライバシー等を大きく侵害するものであるから，検証としての性質を有する強制処分に当たるものと解される。」と述べ，エックス線検査を強制処分であるとしています。

次に，強制処分であるとすると，その法的性格が問題となりますが，上記のように，平成21年決定はこれを検証であるとしています。したがって，「特別の定」を欠いて違法となるわけではありません。

もっとも，検証を行うためには，検証令状を要します（218条1項）。⑤本件エックス線検査には検証令状が発付されていませんから，この点で本件エックス線検査は違法となります。平成21年決定も，「本件エックス線検査については検証許可状の発付を得ることが可能だったのであって，検証許可状によることなくこれを行った本件エックス線検査は，違法であるといわざるを得ない。」と説示しています。

2 小問(2)について

1 違法収集証拠排除法則

違法収集証拠排除法則とは，違法な収集手続によって得られた証拠を排除する（その証拠能力を否定する）原則をいいます。

同法則について明文はないものの，昭和53年判決がこの存在を認め，平成15年判決が実際にこれを適用して証拠排除しました。

昭和53年判決によれば，証拠排除されるのは，「令状主義の精神を没却するような重大な違法があり，これを証拠として許容することが，将来における違法な捜査の抑制の見地からして相当でないと認められる場合」です。これを，違法重大性，排除相当性の要件と呼んでいます。

なお，違法重大性と排除相当性の理論的根拠，２つの要件の関係等については議論がありますが，ここでは立ち入りません。ご自身の教科書・テキスト等で確認しておいてください。

2 毒樹の果実

毒樹の果実とは，違法に収集した第一次的証拠の証拠能力が排除される場合に，それに派生する第二次的証拠についても証拠排除すべきではないかという議論です。

最判昭58.7.12（以下「昭和58年判決」といいます）の伊藤裁判官補足意見が，

以下のように述べています。

「違法収集証拠（第一次的証拠）そのものではなく，これに基づいて発展した捜査段階において更に収集された第二次的証拠が，いわゆる『毒樹の実』として，いかなる限度で第一次的証拠と同様に排除されるかについては，それが単に違法に収集された第一次的証拠となんらかの関連をもつ証拠であるということのみをもって一律に排除すべきではなく，第一次的証拠の収集方法の違法の程度，収集された第二次的証拠の重要さの程度，第一次的証拠と第二次的証拠との関連性の程度等を考慮して総合的に判断すべきものである」（下線部は筆者）

そして，平成15年判決も毒樹の果実論の適用を認めたものと評されています。

毒樹の果実論も違法収集証拠排除法則の一適用場面であると解されていますので，昭和58年判決の伊藤補足意見が提示した，第一次的証拠収集方法の違法の程度，第二次的証拠の重要さの程度，第一次的証拠と第二次的証拠の関連性の程度という判断要素に加え，事案の重大性などの諸事情を考慮して，違法重大性，排除相当性を判断すればよいでしょう。

3　本問へのあてはめ

本問では，第一次的証拠が捜索差押許可状発付の疎明資料の一部となった射影の写真等，第二次的証拠が本件覚せい剤です。

射影の写真等の証拠能力は問われていませんので，答案では，ダイレクトに第二次的証拠たる本件覚せい剤の証拠能力を判断してしまって構いません。

本問では，以下のような事実を指摘することができるでしょう。

・①内偵捜査により，Xには，宅配業者を利用した覚せい剤譲受け罪の嫌疑が高まっていること
・①暴力団関係者も絡む組織性の高い覚せい剤密売の事案であること
・②Xに関する証拠が他から入手し難い状況にあり，本件エックス線検査を行う必要があること
・③④Pらは，荷物そのものを現実に占有し管理しているA営業所長Bの承諾を得た上で本件エックス線検査を実施し，その際，検査の対象を限定する配慮もしていたこと
・⑧本件覚せい剤は，司法審査を経て発付された捜索差押許可状発付に当たって，本件エックス線検査の結果以外の証拠も資料として提供されていること
・覚せい剤自体の証拠価値が高いこと

以上の点について，平成21年決定は，「本件覚せい剤等は，同年６月25日に発付された各捜索差押許可状に基づいて同年７月２日に実施された捜索において，５回目の本件エックス線検査を経て本件会社関係者が受け取った宅配便荷物の中及び同関係者の居室内から発見されたものであるが，これらの許可状は，４回目までの本件エックス線検査の射影の写真等を一資料として発付されたものとうかがわれ，本件覚せい剤等は，違法な本件エックス線検査と関連性を有する証拠で

あるということができる。
　しかしながら，本件エックス線検査が行われた当時，本件会社関係者に対する宅配便を利用した覚せい剤譲受け事犯の嫌疑が高まっており，更に事案を解明するためには本件エックス線検査を行う実質的必要性があったこと，警察官らは，荷物そのものを現実に占有し管理している宅配便業者の承諾を得た上で本件エックス線検査を実施し，その際，検査の対象を限定する配慮もしていたのであって，令状主義に関する諸規定を潜脱する意図があったとはいえないこと，本件覚せい剤等は，司法審査を経て発付された各捜索差押許可状に基づく捜索において発見されたものであり，その発付に当たっては，本件エックス線検査の結果以外の証拠も資料として提供されたものとうかがわれることなどの諸事情にかんがみれば，本件覚せい剤等は，本件エックス線検査と上記の関連性を有するとしても，その証拠収集過程に重大な違法があるとまではいえず，その他，これらの証拠の重要性等諸般の事情を総合すると，その証拠能力を肯定することができる……。」と説示しています。

　本問でも，結論としては，平成21年決定同様に証拠能力ありとするのが穏当です。

■答案構成

第1　小問(1)について

1　本件エックス線検査が「強制の処分」（197条1項ただし書）に該当する場合，令状がないから違法

↓

2　「強制の処分」の意義

↓

個人の意思を制圧し，身体，住居，財産等の（重要な）権利・利益に制約を加えて強制的に捜査目的を実現する行為など，特別の根拠規定がなければ許容することが相当でない手段

↓

3　あてはめ

↓

4　本件エックス線検査は違法

第2　小問(2)について

1　本件覚せい剤は，違法な本件エックス線検査によって得られた写真等を疎明資料として発付された捜索差押許可状に基づいて行われた捜索差押えによって得られたもの

↓

2　本件エックス線検査の違法が，本件覚せい剤の証拠能力に影響する可能性あり

↓

違法収集証拠排除法則

↓

毒樹の果実

↓

3　あてはめ

↓

4　本件覚せい剤の証拠能力は認められる

■解答例

第１　小問(1)について

１　本件エックス線検査が「強制の処分」（197条１項ただし書）に該当する場合，「法律に特別の定」及びそれに対応する令状が要求される。

そこで，本件エックス線検査が「強制の処分」に該当するか問題となる。

２「強制の処分」は，強制処分法定主義と令状主義の両面にわたり厳格な法的制約に服させる必要があるものに限定されるべきである。そこで，「強制の処分」たり得るためには，重要な法益に対する侵害・制約が認められるだけでは足りず，かかる法益を剥奪する程度まで至っている必要があると解する。

したがって，「強制の処分」とは，個人の意思を制圧し，身体，住居，財産等の重要な権利・利益に制約を加えて強制的に捜査目的を実現する行為など，特別の根拠規定がなければ許容することが相当でない手段を意味するものをいうと解すべきである。

３　本件エックス線検査は，その射影によって荷物の内容物の形状や材質をうかがい知ることができる上，内容物によってはその品目等を相当程度具体的に特定することも可能であって，荷送人や荷受人の内容物に対するプライバシー等を大きく侵害するものである。

←小問(1)について

←論証　「強制の処分」の意義

←B説で論じました

←あてはめ

したがって，被処分者の重要な権利・利益に対する制約は肯定される。

また，エックス線は，物の性状等を無断で覚知するものであり，相手方に反対意思の形成機会を与えず，被処分者の権利を完全に侵害するものであるから，意思を制圧するものと同視できる。

４　以上から，本件エックス線検査は，「強制の処分」としての性質を有すると解すべきである。

そして，本件エックス線検査が，不審な宅配便荷物について，その内容物の存在及び状態を視覚的に把握するために行われたものであることに鑑みれば，検証（218条１項）として把握すべきである。

検証には検証令状が要求されるから（同項），これがないまま実施された本件エックス線検査は，違法である。

第２　小問(2)について

１　本件覚せい剤は，X宅の捜索を行った結果差し押さえられたものであるが，かかる差押えに際して発付された捜索差押許可状は，前述のような違法な本件エックス線検査によって得られた写真等を疎明資料としている。

２(1)　そうだとすると，かかる捜索差押許可状に基づく捜索差押えが違法性を帯びることは否定できず，ひいては本件覚せい剤の証拠能力にも影響が及ぶと考えられる。

←本件エックス線検査の法的性格

←小問(2)について

⑵　もっとも，このように違法に収集された証拠の証拠能力については明文を欠く。そこで，この点についていかに解すべきか。

←違法収集証拠排除法則

司法の廉潔性・将来の違法捜査の抑制・手続的正義の確保の要請と真実発見（1条）の調和の見地から，①令状主義の精神を没却するような重大な違法があり（違法重大性），かつ，②証拠として採用することが将来における違法捜査を抑止する見地から相当でない場合（排除相当性）に証拠能力が否定されるものと解する。

←論証

また，違法に収集された証拠と関連性を有する証拠については，第一次的証拠の収集方法の違法の程度と，収集された第二次的証拠の重要さの程度，両証拠間の関連性の程度などの諸般の事情を総合的に考慮し，違法重大性，排除相当性を判断すべきである。

←毒樹の果実

3　本件についてみると，Pらは当初から本件エックス線検査を行う予定でありながら，令状を取得していないのであって，当初適法な行為が相手方の対応等流動する情勢の中で違法なものに転化してしまった事案とは異なる。

←あてはめ
←違法方向の事実にも配慮しました

しかし，Xには宅配業者を利用した覚せい剤譲受け罪の嫌疑が高まっているにもかかわらず，証拠を他から入手し難い状況にあり，さらに事案を解明するため，本件エックス線検査を行う必要性があった。以上からすれば，令状発付の実体的要件は満たしていたといい得るから，その要件が欠ける場合と対比すれば，本件エックス線検査の法規からの逸脱の程度は大きくない。

←ここから適法方向の事実を列挙していきます

加えて，Pらは，荷物そのものを現実に占有し管理しているA営業所長Bの承諾を得た上で本件エックス線検査を実施し，その際，X宅に配達される予定の荷物のうち，覚せい剤が収められていると疑われる荷物を借り受けるなど，検査の対象を限定する配慮もしていたのであって，令状主義を潜脱する意図があったとはいえない。

したがって，違法が重大であるとまではいえない。

また，本件覚せい剤は，司法審査を経て発付された捜索差押許可状に基づく捜索において発見されたものであり，その発付に当たって，本件エックス線検査の結果以外の証拠も資料として提供されており，エックス線検査（及びそれに基づき得られた射影等）と本件覚せい剤の関連性は強くない。

さらに，本件覚せい剤は，それ自体犯罪を構成する物件であり，証拠価値が高い。

それだけでなく，本件は暴力団関係者も絡む組織性の高い覚せい剤密売の事案であり，事案としても重大である。

したがって，本件覚せい剤を証拠として採用することが将来の違法捜査抑止のために相当でないともいえない。

4　以上から，本件覚せい剤の証拠能力は認められる。以　上

● 合格者の問題メモ

司法警察員Ｐらは，かねてから覚せい剤密売の嫌疑のあるＸに対して内偵捜査を進めていたが，Ｘが他県の暴力団関係者から宅配便により覚せい剤を仕入れている疑いが生じた。もっとも，Ｘは捜査機関の摘発を最大限に警戒していたため，Ｐらは覚せい剤の入手方法については全く見当がついていない状況であった。そこで，Ｐらは，宅配便業者のＡ営業所に対して，Ｘの自宅に係る宅配便荷物の配達状況について照会等をした。その結果，Ｘ宅には短期間のうちに多数の荷物が届けられており，それらの配送伝票の一部には送り主の住所記載欄に実在しない住所が記載されているなどの不審な記載があることが判明した。かかる情報を入手したＰらは，Ｘ宅に配達される予定の宅配便荷物のうち不審なものを借り出してその内容を把握する必要があると考え，Ａ営業所の長であるＢに対し，協力を求めたところ，承諾が得られたので，合計５回にわたり，Ｘ宅に配達される予定の宅配便荷物各１個をＡ営業所から借り受けた上，エックス線検査を行った。その結果，１回目の検査においては覚せい剤とおぼしき物は発見されなかったが，２回目以降の検査においては，いずれも，細かい固形物が均等に詰められている長方形の袋の射影が観察された（以下，これら５回の検査を「本件エックス線検査」という。）。なお，本件エックス線検査を経た上記各宅配便荷物は，検査後，Ａ営業所に返還されて通常の運送過程下に戻り，Ｘ宅に配達された。また，Ｐらは，本件エックス線検査について，荷送人及び荷受人の承諾を得ていなかった。

なお，エックス線検査とは，対象物に外部からエックス線を照射して内容物の射影を観察することをいい，その射影によって荷物の内容物の形状や材質をうかがい知ることができる上，内容物によってはその品目等を相当程度具体的に特定することも可能なものである。

後日，Ｐらは，本件エックス線検査の射影の写真等を疎明資料の一部として捜索差押許可状の発付を得て，Ｘ宅の捜索を行った。そして，先日の本件エックス線検査を経て配達された宅配便荷物の中及び家宅内の机の引き出しから覚せい剤（以下「本件覚せい剤」という。）が発見されたため，これを差し押さえた。

⑴　本件エックス線検査の適法性について論ぜよ。

⑵　本件覚せい剤の証拠能力について論ぜよ。

● 合格者の答案構成

(1) 強制と任意の区別

→強制処分にあたる。

令状ないので違法

(2) 違法収集証拠，毒樹の果実

エックス線検査

↓

射影写真 ---→ 捜索

↓

覚せい剤

合格者の答案例

第1　小問(1)について

1　P3の行った本件エックス線検査は、「強制の処分」(197条1項ただし書)にあたらないか。仮に、「強制の処分」にあたるのであれば、強制処分法定主義(197条1項ただし書)や令状主義(憲法33条、35条、法218条等)の点から問題がある。そこで、いかなる行為が「強制の処分」にあたるか、その判断基準が問題となる。

(1)　この点、「強制の処分」とは、強制処分法定主義及び令状主義によって厳格な規制を受けることとなるものなので、その範囲は限定的に解すべきである。そこで、①個人の意思を制圧し、②身体・住居・プライバシー等の重要な権利・利益に制約を加え強制的に捜査目的を達成するような行為をさすと解する。

(2)　本件エックス線検査は、荷送人及び荷受人の承諾なしに配達される予定の宅配便荷物の内容物を、エックス線を照射することにより確認するものである。内容物の射影を観察するものであるが、内容物によってはその品目等を相当程度具体的に特定することも可能である。宅配便荷物の内部は、他人に見られることを予定しておらず、私的領域としてプライバシーの要保護性は高い。そうすると、本件エックス線検査は、重要なプライバシーへの制約が認められ、重要な権利・利益への制約が認められる(②充足)。

また、場合によっては、内容物を相当程度具体的に特定できることから、プライバシー侵害の程度も高く、本人に反対意思の形成機会を与えずに行っていることから、プライバシー権を剥奪する程度に至っていると評価でき、個人の意思を制圧する場合と同視できる(①充足)。

したがって、本件エックス線検査は「強制の処分」にあたる。

2　本件エックス線検査は、対象物の内容・形状等を五官の作用によって認識する作用を有するので、「検証」(218条)にあたり、検証を行うには令状が必要である。したがって、令状なしで行われた本件エックス線検査は違法である。

第2　小問(2)について

1　本件覚せい剤の証拠能力については、本件覚せい剤が違法な捜査である本件エックス線検査と関連性があることから、違法収集証拠として排除されるのではないかが問題となる。

(1)　ここで、違法収集証拠排除の法則は、明文の規定はないが、真実の発見も適正な手続(憲法31条)の下で行われるべきことや、司法の廉潔性、将来の違法捜査抑止の見地から導かれる。もっとも、軽微な違法がある場合にまで証拠排除してしまうのも、真実発見の見地から妥当でない。そこで、①令状主義の精神を没却するような重大な違法があり、②違法捜査抑止の見地から排除が相当であると認められる場合に証拠能力が否定されると解する。

(2)　また、違法に収集された証拠に基づいて発見された派生証拠についても証拠能力を否定しなければ、違法収集証拠排除の法則の趣旨が没却されてしまう。もっとも、違法が軽微な場合や、関連性が希薄な場合まで証拠排除するのも妥当でない。そこで、先行する手続の違法性の程度や両証拠間の関連性の程度等を考慮し、違法重大性・排除相当性が認められる場合は、証拠能力が否定されるものと解する。

(3) 本件覚せい剤は、本件エックス線検査によって得られた射影写真を疎明資料として発付された捜索・差押え許可状に基づく捜索によって発見されているので、違法な捜査である本件エックス線検査と関連性を有する。

もっとも、本件エックス線検査は違法ではあるものの、捜査や証拠の発見が困難な覚せい剤事犯について行われたものであり、X宅へ短期間のうちに多数の荷物が送られており配送伝票に不審な記載があるなど、本件エックス線検査を行う必要性・緊急性は高かった。また、A営業所の長であるBの承諾を得て行っており、回数も合計5回、検査後は通常の運送過程下に戻すなどで相当な方法・範囲で行われていた。そうすると、先行手続である本件エックス線検査には、令状主義の精神を没却するような重大な違法は認められない。

また、本件エックス線検査により得られた射影写真は、捜索・差押許可状の発付の際、疎明資料の一部として用いられたにすぎず、射影写真と本件覚せい剤の関連性も高くない。

このような事情を考慮すると、本件覚せい剤は、本件エックス線検査と関連性を有するとしても、その収集過程に重大な違法があるとはいえず、排除相当性も認められない。したがって、証拠能力は認められない

2 以上より、本件覚せい剤の証拠能力は認められる。

以上

第19問

殺人事件の被疑者として勾留中の甲は，司法警察職員乙から取調べを受けた際，犯行を否認し，①「犯行当日は，妻と一緒に旅行していた。」と供述した。これに対し，②乙は，妻に確認することなく，甲に「妻は旅行していないと言っている。」と告げた。その結果，③甲は，犯行を自白し，④犯行に使用したナイフの隠匿場所も供述した。

右自白およびナイフの証拠能力について論ぜよ。

（旧司法試験　平成4年度第2問）

出題論点

・自白法則の根拠……………………………………………………………………A

・毒樹の果実…………………………………………………………………………A

問題処理のポイント

本問で，証拠法分野からの出題は最後になります。本問は，自白法則の理解を問うものです。

自白法則の根拠をどのように考えるかによって，派生証拠や反復自白，違法収集証拠排除法則との関係など，様々な問題の処理が変わってきます。

自説から論理一貫して事案を処理することを意識してください。

■ 答案作成の過程

1 自白の証拠能力

1 自白法則の根拠

自白については，319条１項が定める「強制，拷問又は脅迫による自白，不当に長く抑留又は拘禁された後の自白その他任意にされたものでない疑のある自白は，これを証拠とすることができない。」という自白法則の根拠をどのように考えるかということが問われています。

自白法則については，大きく分けて，不任意自白は虚偽自白を生み出す危険性があるから排除されるという虚偽排除説，供述の自由を中心とする被告人の人権擁護のため不任意自白を排除すべきである人権擁護説，自白法則を違法収集証拠排除法則の「自白版」だと考える違法排除説があります。虚偽排除説と人権擁護説を併せて任意性説と呼ぶこともあります。

判例は一般に，虚偽排除説に立つものと理解されています（最判昭41.7.1【百選70】等）。

2 本問自白の証拠能力

本問のように，②偽計を用いた取調べが行われ，①③その結果自白に転じた場合には，どの立場からも自白の証拠能力を否定することができるでしょう。虚偽排除説からは虚偽自白を誘発するおそれがあること，人権擁護説からは供述の自由を侵害するおそれがあること，違法排除説からは自白収集手続の違法が重大であること（排除が相当であること）が論拠です。

判例（最大判昭45.11.25【百選71】）にも，「もしも偽計によって被疑者が心理的強制を受け，その結果虚偽の自白が誘発されるおそれのある場合には，右の自白はその任意性に疑いがあるものとして，証拠能力を否定すべきであり，このような自白を証拠に採用することは，刑訴法319条１項の規定に違反し，ひいては憲法38条２項にも違反するものといわなければならない。」とするものがあります。

2 ナイフの証拠能力

1 派生証拠の証拠能力

いわゆる派生証拠の証拠能力を問うものです。派生証拠とは，一般に不任意自白から得られた証拠物のことをいいます。

この派生証拠の証拠能力については，自白法則の根拠をどのように考えたのかという点によって，理論構成や結論が変わります。

まず，単純明快で分かりやすいのが違法排除説です。違法排除説の内部でも対立がありますが，単純に自白法則を違法収集証拠排除法則の自白版と考える限りにおいては，派生証拠はいわゆる毒樹の果実論の問題として整理することができます。毒樹の果実論は，第18問でも扱いました。

次に，人権擁護説からは，証拠物には，供述の自由を中心とする被告人の人権を擁護するという同説の根拠はそのままの形では当てはまりません。しかし，派生的証拠まで排除しなければ人権保障の目的を達成し得ないと考え，自白を排除する可能性がないとまではいえないでしょう。

最も問題があるのは，虚偽排除説です。物はウソをつきませんので，虚偽自白のおそれという同説の根拠は妥当しません。この点については，人権擁護説も同様なのですが，「派生的証拠も排除しなければ人権保障の目的を達することはできない」という同説の理屈に相当する理屈がありません。虚偽排除説からも，自白の存在を前提としてのみ関連性が肯定される場合などは，自白と派生証拠を一体として証拠能力を否定できる場合があり得るのですが，それ以外の場合には，改めて先行する手続の違法性を認定した上で，派生的証拠の証拠能力を違法収集証拠排除法則の枠組みで検討することにならざるを得ません。

このようにみてくると，派生証拠の証拠能力が問われた場合には，違法排除説によって論じるのがベストです。下記解答例も，違法排除説によっています。もっとも，上記のように，一般に，判例は，虚偽排除説によっていると評価されているので，虚偽排除説に対する批判を加えることを忘れないようにしましょう。

2　本問へのあてはめ

本問では，具体的事案が明らかではないものの，第一次的証拠である自白の収集過程における違法性の程度が高く，④甲の自白がなければナイフの隠匿場所も分からなかったと思われる以上，自白とナイフの関連性が非常に強いとみて，毒樹の果実によって，第二次的証拠であるナイフの証拠能力も排除するのがよいでしょう。

■ 答案構成

第１　本問自白の証拠能力について

１　自白法則の根拠

違法排除説

あてはめ

２　証拠能力なし

第２　本問ナイフの証拠能力について

１　本問自白とナイフの関連性

２　毒樹の果実

あてはめ

３　証拠能力なし

■解答例

第1　本問自白の証拠能力について

1　本問自白は，虚偽の事実を告げた際になされた自白を内容とするから「任意にされたものでない疑のある自白」として319条1項により証拠能力が否定されないか，その意義が問題となる。

(1)　同条項が定める自白法則について，虚偽自白の排除と供述の自由を中心とした被告人の人権擁護を根拠とする立場がある。

しかし，前者は証拠能力と証明力を混同している点，後者は約束による自白など，供述の自由を中心とした被告人の人権を侵害したとまでは認めがたい場合に証拠排除ができない点において不完全である。

この点については，判断基準を客観化し明確にしうること，強制，拷問といった手段を列挙する319条1項の解釈としても素直であることから，自白法則の根拠は自白採取過程における手続の適正，合法性を担保する点にあると解する。

そうだとすれば，自白採取過程に憲法や刑事訴訟法の所期する重大な違法が認められ，これを証拠として採用することが，将来の違法捜査抑止の観点から相当でない場合に，自白の任意性が否定されるものと解すべきである。

(2)　本問では，乙は，甲の取調べに際し，虚偽の事実を伝え，自白を引き出している。このような偽計を用いた取調べは，強度に被疑者の供述の自由を侵害するものであるし，司法の廉潔性の観点からも問題が大きいことから，憲法や刑事訴訟法の所期する基本原則を没却するような，重大な違法があるといえる。

また，これを証拠として採用することは，将来の違法捜査抑止の観点から相当でない。

したがって，本問自白の任意性は否定される。

2　以上から，本問自白には証拠能力が認められない。

第2　本問ナイフについて

1　本問ナイフは，本問自白を疎明資料として発付された捜索差押許可状によって，発見，押収されていると考えられる。前述のように，本問自白は証拠能力がない証拠であるから，かかる証拠から発見された本問ナイフの証拠能力も認められないのではないか。

2(1)　自白採取過程における手続の適正，合法性を担保する見地からは，違法に収集された証拠に基づいて得られた派生的証拠についても証拠能力を否定すべきであるのが原則である。

しかし，すべての派生的証拠につき証拠能力を否定すると事案の真相の究明（1条）が図れず，妥当でない。

そこで，違法収集証拠として排除されるか否かは，①自

←本問自白の証拠能力

←自白法則

←違法排除説に立つ場合には，判例であるとされる虚偽排除説に対する配慮（批判）は必須です

論証

←あてはめ

←自白の場合には，「令状主義の精神を没却するような重大な違法」（最判昭53.9.7【百選90】）というフレーズは当てはまりません（千葉地判平11.9.8参照）

←本問ナイフの証拠能力

←論証

白採取過程における違法の程度，②自白と派生的証拠間の関連性の程度等を考慮し総合的に判断すべきである。

(2) まず，前述のとおり，①自白採取過程における違法は重大である。

←あてはめ

次に，確かに，本問では，新たに司法審査を受けた許可状によって捜索がなされていると思われる以上，本問自白と本問ナイフとの間の関連性が希薄化されているとも評価し得る。

しかし，例えば，令状請求に際し，本問自白以外にも疎明資料があった，別罪の令状が既に発付されていたなどというような事情もないから，②証拠能力がない本問自白と派生的証拠である本問ナイフとの関連性は密接であるといえる。

←仮に，令状が発付されていたとしても，違法が希釈化されるとは限りません

3 したがって，本問自白と同様，本問ナイフの証拠能力は認められない。

以　上

● 合格者の問題メモ

殺人事件の被疑者として勾留中の甲は，司法警察職員乙から取調べを受けた際，犯行を否認し，「犯行当日は，妻と一緒に旅行していた。」と供述した。これに対し，乙は，妻に確認することなく，甲に「妻は旅行していないと言っている。」と告げた。その結果，甲は，犯行を自白し，犯行に使用したナイフの隠匿場所も供述した。
右自白およびナイフの証拠能力について論ぜよ。

（旧司法試験　平成４年度　第２問）

● 合格者の答案構成

1 自白について
自白法則（憲38Ⅱ，法319Ⅰ）
任意性説，しかし，派生証拠がある
→違法収集証拠排除法則
①違法重大性 ②排除相当性

2 ナイフについて
毒樹の果実
本問では，証拠能力ない証拠と関連性あり
密接な関連性あるか→ある
→ナイフの収集手続にも①，②充足

● 合格者の答案例

1　自白の証拠能力について

(1)　本問では、Ｐは、甲に虚言を用いて自白をさせている。そこで、このような取調べによって得られた自白調書の証拠能力は否定されないか。

　この点について、自白法則(憲法38条2項、法319条1項)によって証拠能力を否定することが考えられる。自白法則とは、任意性に疑いのある自白の証拠能力を否定するもので、その根拠は、任意性に疑いのある自白は、内容が虚偽である蓋然性が高く、誤判を防止するため。また、そのような自白の採取の際に、黙秘権(憲法38条1項、法198条2項等)を中心とする人権が侵害されるおそれが高いことから、人権保障を担保する点にある。かかる根拠から、自白の任意性の判断は、虚偽の自白を誘発するおそれの高い状況、または、人権侵害のおそれが高い状況においてなされた自白かで判断するものと解する。

(2)ア　もっとも、自白調書のような供述証拠であっても違法収集証拠排除の法則を採用できない理由はないから、同法則によっても証拠能力が否定され得ると解する。

　ここで、違法収集証拠排除の法則は、明文の根拠はないものの、適正手続(憲法31条)や司法の廉潔性、違法捜査の抑止の見地から認められるものである。そして、どのような場合に証拠排除されるかであるが、真実発見(1条)も適正手続の下でのみなされるべきであるが、違法性の判断が困難なこともあり、軽微な違法があった場合まで証拠排除することも妥当ではない。そこで、①憲法の精神を没却するような重大な違法があり(違法重大性)、②証拠として許容することが将来の違法捜査抑止の見地から相当でないと認められる場合(排除相当性)に証拠能力が否定されると解する。

イ　そして、自白法則の適用との関係については、客観的に判断でき判断基準が明確な違法収集証拠排除法則を先行して適用するものと考える。

ウ　本問では、Ｐは、甲の弁解を否定する内容の虚言を述べている。客観的にみて、このような被疑者の弁解を否定するような虚言を用いることは、被疑者に弁解の機会を与えた法(203条等)の趣旨を無視するもので、被疑者に抵抗する気力を失わせ黙秘権等の侵害にもつながるものである。また、自白の強要にもつながりかねず、憲法の精神を没却するような重大な違法といえる(①充足)。さらに、Ｐは、意図的に虚言を用いていることから、法無視の態度が顕著であり、このような取調べによって得られた自白調書は、違法捜査抑止の見地からも排除が相当であると認められる(②充足)。

(3)　したがって、自白調書の証拠能力は否定される。

2　ナイフの証拠能力について

(1)　本問では、ナイフの発見された過程が明らかでないが、自白調書を疎明資料とし、捜索差押許可状を得た上で、捜索をした結果発見されたものと考えられる。そうすると、ナイフは、証拠能力のない証拠である自白調書(一次的証拠)と関連性を有する証拠(派生証拠)ということになる。そこで、ナイフについても証拠能力が否定されるのではないか。派生証拠の証拠能力をいかに考えるべきか問題となる。

ア　この点、派生証拠の証拠能力を肯定することは、違法収集証拠排除法則を骨抜きにし妥当でない一方、関連性を有するだけで全ての派生証拠を証拠排除することも真実発見の見地から妥当でない。そこで、派生証拠の証拠能力については、第一次的証拠と派生証拠の収集手続の関連性の程度を考慮し、違法重大性、排除相当性が認められるかで判断するべきと解する。

イ　本問では、自白によってナイフの隠匿場所が判明していることから、ナイフの捜索手続は自白を直接利用している。また、自白のほかには、ナイフの捜索をし得た事情はないと思われるため、ナイフの捜索に関して自白は必要不可欠といえ、自白とナイフの捜索手続との関連性は密接なものである。このような、証拠能力ない証拠と密接な関連性を有する証拠収集手続も重大な違法があると評価でき(①充足)、かかる手続から取得された証拠を許容することは違法捜査抑止の見地から相当でないと認められる(②充足)。

(2)　したがって、ナイフの証拠能力は否定される。

以上

Ⅳ 証拠法 ▼ 第19問

V　公判の裁判

第20問

甲は，①Aの住居に侵入し，Aを殺害した後，Aの腕時計及び財布を窃取した。検察官は，②甲を逮捕したが，Aが一人暮らしをしており，Aの親族とも連絡が取れなかったことから，窃盗については，気が付かず，甲を殺人罪で起訴した（以下「前訴」という。）。③甲は殺人罪で有罪となり，この判決は確定した。

その後，④検察官は，Aの親族から，Aの腕時計及び財布がなくなっているとの連絡を受け，捜査を進めたところ，甲が盗んだことが発覚したため，改めて，甲を窃盗罪で起訴した（以下「後訴」という。）。

⑤甲の弁護人は，後訴において，窃盗行為と殺害行為は，同一日時・場所で行われており，いずれも住居侵入罪と牽連犯の関係にあり，全体として科刑上一罪であるから，前訴の殺害行為と後訴の窃盗行為には公訴事実の単一性が認められ，殺人罪の確定判決の一事不再理効は窃盗罪にも及ぶから，窃盗罪の後訴に対しては免訴判決を下すべきである，と主張している。

なお，⑥検察官による両起訴において，いずれも住居侵入罪は起訴されていない。

以上の事実を前提に，以下の各小問について，解答しなさい。

(1) ⑦前訴における検察官の起訴の適法性について，論じなさい。

(2) 後訴の受訴裁判所は，弁護人の主張を受けて，どのような判断を下すべきか。

出題論点

・一罪の一部起訴……………………………………………………………B

・一事不再理効が及ぶ範囲………………………………………………A

問題処理のポイント

本問は，裁判の効力の分野から，一事不再理効の発生範囲を中心に問うものです。

一事不再理効の発生範囲については，常習窃盗の事案について判断した最判平15.10.7【百選97】（以下「平成15年判決」といいます）があります。まずは，同判決の内容・趣旨をしっかりと理解することが第一歩です。

その上で，小問(2)は，同判決の事案とは異なるため，それでも射程が及ぶかどうか，射程が及ぶとしてどのように判断すべきなのか，答案上に示す必要があります。

■答案作成の過程

1 小問(1)について

1　一罪の一部起訴

小問(1)は，⑦住居侵入罪，窃盗罪及び殺人罪のうち，殺人罪のみを起訴した前訴の適法性を問うものです。⑤後訴において甲の弁護人が主張しているように，実体法上は，いわゆるかすがい現象によって，これらは全体として科刑上一罪になるため，これは一罪のうちの一部を起訴するものであるといえます。

このような一罪の一部起訴の適法性は，第10問で扱っていますので，議論の内容はそちらを参照してください。

2　本問へのあてはめ

本問では，②検察官は，Aが一人暮らしをしており，Aの親族とも連絡が取れなかったことから，窃盗については，気が付かず，甲を殺人罪で起訴しています。⑥住居侵入罪を起訴しなかった理由は不明ですが，濫用的な意図があったとはうかがわれませんので，一部起訴として適法であると解すべきでしょう。

2 小問(2)について

1　一事不再理効の発生範囲

一事不再理効の発生範囲については，判例・通説は，一事不再理効が生じる客観的範囲は，「公訴事実の同一性」（312条1項）の範囲であると考えています。

本問は，上記のように，全体が科刑上一罪となり，公訴事実の単一性が認められる事案ですから，「公訴事実の同一性」が認められます。

2　一事不再理効が及ぶ範囲（公訴事実の同一性）の判断方法

(1)　とはいえ，裁判所からすると，前訴は②殺人罪で起訴され，③それが確定しており，④後訴は窃盗罪で起訴されてきているため，訴因だけを見ても，公訴事実の同一性（公訴事実の単一性）が認められるかどうかが明らかではありません。

そこで，公訴事実の同一性をどのような基準で判断するのか，具体的には，訴因を基準とするのか，心証を基準とするのか，問題となります。

⑤弁護人の主張は，殺人と窃盗は科刑上一罪であるということを前提とするものですから，後訴裁判所は，両訴因のみを比較対照するのではなく，心証を基準として，訴因外事実をも職権調査し，証拠から認定できる事実を加えて比較対照するという立場に立っていることがわかります。

では，判例はどのような立場に立つのでしょうか。

この点について，平成15年判決は，常習窃盗の事案について，以下のように判示しました。

「訴因制度を採用した現行刑訴法の下においては，少なくとも第一次的には訴因が審判の対象であると解されること，犯罪の証明なしとする無罪の確定判決も一事不再理効を有することに加え，前記のような常習特殊窃盗罪の性質や一罪を構成する行為の一部起訴も適法になし得ることなどにかんがみると，前訴の訴因と後訴の訴因との間の公訴事実の単一性についての判断は，基本的には，前訴及び後訴の各訴因のみを基準としてこれらを比較対照することにより行うのが相当である。」

「本件においては，前訴及び後訴の訴因が共に単純窃盗罪であって，両訴因を通じて常習性の発露という面は全く訴因として訴訟手続に上程されておらず，両訴因の相互関係を検討するに当たり，常習性の発露という要素を考慮すべき契機は存在しないのであるから，ここに常習特殊窃盗罪による一罪という観点を持ち込むことは，相当でないというべきである。そうすると，別個の機会に犯された単純窃盗罪に係る両訴因が公訴事実の単一性を欠くことは明らかであるから，前訴の確定判決による一事不再理効は，後訴には及ばないものといわざるを得ない。」

「前訴の訴因が常習特殊窃盗罪又は常習累犯窃盗罪（以下，この両者を併せて『常習窃盗罪』という）であり，後訴の訴因が余罪の単純窃盗罪である場合や，逆に，前訴の訴因は単純窃盗罪であるが，後訴の訴因が余罪の常習窃盗罪である場合には，両訴因の単純窃盗罪と常習窃盗罪とは一罪を構成するものではないけれども，両訴因の記載の比較のみからでも，両訴因の単純窃盗罪と常習窃盗罪が実体的には常習窃盗罪の一罪ではないかと強くうかがわれるのであるから，訴因自体において一方の単純窃盗罪が他方の常習窃盗罪と実体的に一罪を構成するかどうかにつき検討すべき契機が存在する場合であるとして，単純窃盗罪が常習性の発露として行われたか否かについて付随的に心証形成をし，両訴因間の公訴事実の単一性の有無を判断すべきであるが……，本件は，これと異なり，前訴及び後訴の各訴因が共に単純窃盗罪の場合であるから，前記のとおり，常習性の点につき実体に立ち入って判断するのは相当ではない」（下線部は筆者）

平成15年判決は，公訴事実の同一性の有無を原則として訴因同士の対照によって判断すべきであるとしています。ただし，傍論ながら，両訴因に常習性の発露という要素を考慮すべき契機が含まれている場合には，背後の実体に踏み込んで（心証を基準として）公訴事実の同一性の有無を判断することができるとします。

(2) 平成15年判決の射程については議論がありますが，少なくとも常習犯の事案について，射程が及ぶことにはほぼ見解の一致があるといってよいでしょう（常習痴漢に関する最判平15.6.2）。

一方で，それを超えて，本問のような常習犯以外の単一性判断の場合にまで射程が及ぶかについては議論があります。

この点に関して，最判昭33.5.6，最判昭37.4.26が常習犯以外の科刑上一罪の事案であり，訴因自体において前訴訴因事実と後訴訴因事実が実体的に一罪を構成するかどうかにつき検討すべき契機が存在する場合において，前訴の一事不再理効が後訴に及ぶことを認めていますので，科刑上一罪の事案については射程が及ぶものと解することができます。

3　本問へのあてはめ

(1)　本問では，②④⑥訴因同士を対照しても，住居侵入部分が含まれていないことから，これが科刑上一罪の関係にあることは分かりません。

したがって，原則として，裁判所は，公訴事実の同一性を認めることができず，一事不再理効は及ばないということになります。

(2)　もっとも，訴因自体において前訴訴因事実と後訴訴因事実が実体的に一罪を構成するかどうかにつき検討すべき契機が存在する場合に当たれば話は別です。

前訴後訴の起訴状において，公訴事実がどのように記載されていたのか判然としませんが，①Ａ宅への侵入から，殺害，窃取に至るまで，時間・場所等に近接性があり（例えば，時間・場所について，前訴殺人罪の訴因が午後８時・Ａ宅玄関，後訴窃盗罪の訴因が午後８時30分・Ａの部屋と記載されていた場合），住居侵入部分が存在することがうかがわれる場合もあるかもしれません。そのような場合，平成15年判決のいう実体に踏み込むべき契機が存在するとみることはできないのでしょうか。

この点に関しても議論がありますが，公訴事実の記載の仕方によって，実体に踏み込むべき契機の有無を判断するとなると，一事不再理効の発生範囲が公訴事実の具体的記載によって変わりうることとなり，基準の明確性や法的安定性が失われます。実体に踏み込むべき契機の有無は，あくまでも訴因自体から形式的に判断すべきです。

したがって，住居侵入部分が訴因事実を構成していない以上，実体に踏み込むべき契機は存在しないものと解すべきでしょう。

■答案構成

第1　小問(1)について

1　一罪の一部起訴に当たる旨の指摘

↓

2　検察官は事案の軽重，立証の難易等を考慮して，訴因を事実の一部に限定した一部起訴を行うことも可能

↓

3　あてはめ

↓

4　適法

第2　小問(2)について

1　一事不再理効の客観的範囲

↓

2　一事不再理効が及ぶ範囲（公訴事実の同一性）の判断方法

↓

あてはめ

↓

3　有罪判決を下すべき

解答例

第１　小問⑴について

←小問⑴について

１　甲の行為は，殺人罪，窃盗罪及び住居侵入罪に当たり，いわゆるかすがい現象により，これらは科刑上一罪（刑法54条１項後段）に当たる。にもかかわらず，検察官は，殺人罪のみを起訴しているから，いわゆる一部起訴として，許されないのではないか。

←実体法上科刑上一罪に当たる旨の指摘

←一罪の一部起訴

２　刑事手続では検察官処分主義（247条）が妥当し，裁判所は検察官が設定した訴因に拘束される。また，検察官は罪の一部についての起訴猶予（248条）ができるとされる。このことに対応し，検察官は事案の軽重，立証の難易等を考慮して，訴因を事実の一部に限定した一部起訴を行うことも可能であるというべきである。

←論証

ただし，実体的真実発見の要請に著しく反するような場合や濫用的な一部起訴がなされた場合には，これを否定すべきである（338条４号，刑事訴訟規則１条２項）。

３　本問では，前訴で起訴されていない罪のうち，窃盗罪については，Ａが一人暮らしをしており，Ａの親族とも連絡が取れなかったことから，窃盗行為に気が付かなかったものであり，やむを得ない。また，住居侵入罪については，前訴で起訴されなかった理由は不明だが，少なくとも検察官に濫用的な意図があったとの事情はうかがわれないし，これを起訴しなかったからといって実体的真実発見の要請に著しく反するとはいえない。

←あてはめ

４　したがって，検察官による前訴の起訴は，適法である。

第２　小問⑵について

←小問⑵について

１⑴　本件で，殺人罪についての有罪判決は確定しており，一事不再理効が生じている。一方，窃盗罪については，起訴されていないから一事不再理効は及ばないようにも思える。

⑵　もっとも，一事不再理効の根拠は，二重の危険から被告人を免れさせる点にある（憲法39条）。

←論証

そして，訴因変更は公訴事実の同一性がある範囲で可能である以上（312条１項），被告人はその範囲内において同一手続内で有罪の危険にさらされているといえる。

そこで，一事不再理効は，公訴事実の同一性が認められる範囲において発生することになる。

⑶　本件では，上記のように殺人と窃盗は全体として科刑上一罪となる。したがって，公訴事実の同一性（単一性）が認められる窃盗罪についても，一事不再理効が及び，免訴の判決が下されることになりそうであるる（337条１号）。

２⑴　もっとも，後訴は窃盗罪の訴因が掲げられているから，後訴裁判所は，少なくとも訴因事実だけを基準とすれば，直ちに前訴判決で確定した殺人罪と窃盗罪が一罪をなすと判断することはできない。

←一事不再理効が及ぶ範囲（公訴事実の同一性）の判断方法

そこで，公訴事実の同一性（単一性）をどのように判断すべきかが問題となる。

(2) 当事者主義的訴訟構造（256条6項，312条1項等）の下，審判対象は検察官が主張する具体的犯罪事実たる訴因である。

そうすると，基本的には，審判対象たる各訴因のみを基準としてこれらを比較対照して行うのが相当であり，訴訟手続に上程されていない要素について実体に踏み込んで考慮する必要はない。

もっとも，訴因自体において実体的に一罪を構成するかどうかにつき検討すべき契機が存在する場合は，例外的に実体について判断すべきである。

←論証

(3) 本件では，前訴でも後訴でも住居侵入罪が訴因事実に掲げられていないから，殺人罪と窃盗罪は訴因自体において実体的に一罪を構成するかどうかにつき検討すべき契機が存在しないといえる。

←あてはめ

したがって，審判対象である訴因のみを基準として比較対照して判断すべきである。そうすると，殺人罪と窃盗罪は併合罪の関係にあるから，公訴事実の同一性（単一性）は認められず，一事不再理効は及ばないことになる。

3 よって，本件では甲の弁護人の主張は認められず，裁判所は免訴判決を下すべきではなく，有罪判決を下すべきである。

以　上

● 合格者の問題メモ

甲は，Aの住居に侵入し，Aを殺害した後，Aの腕時計及び財布を窃取した。検察官は，甲を逮捕したが，Aが一人暮らしをしており，Aの親族とも連絡が取れなかったことから，窃盗については，気が付かず，甲を殺人罪で起訴した（以下「前訴」という。）。甲は殺人罪で有罪となり，この判決は確定した。

その後，検察官は，Aの親族から，Aの腕時計及び財布がなくなっているとの連絡を受け，捜査を進めたところ，甲が盗んだことが発覚したため，改めて，甲を窃盗罪で起訴した（以下「後訴」という。）。

甲の弁護人は，後訴において，窃盗行為と殺害行為は，同一日時・場所で行われており，いずれも住居侵入罪と牽連犯の関係にあり，全体として科刑上一罪であるから，前訴の殺害行為と後訴の窃盗行為には公訴事実の単一性が認められ，殺人罪の確定判決の一事不再理効は窃盗罪にも及ぶから，窃盗罪の後訴に対しては免訴判決を下すべきである，と主張している。

なお，検察官による両起訴において，いずれも住居侵入罪は起訴されていない。

以上の事実を前提に，以下の各小問について，解答しなさい。

⑴　前訴における検察官の起訴の適法性について，論じなさい。

⑵　後訴の受訴裁判所は，弁護人の主張を受けて，どのような判断を下すべきか。

● 合格者の答案構成

1　公訴提起が権限濫用（規則1Ⅱ）にあたらないか。

公訴提起には広範な裁量（248）

一罪の一部起訴も認められる。

かすがい外しまで重く処罰する不当な意図がある場合は

権限濫用とみるべき。

本問ではあたらない。

2 (1) まず、一事不再理効（337①）の範囲

「公訴事実の同一性」の範囲内で危険にさらされている

根拠は憲法39条

→本問では、免訴判決をすべきとも思える。

(2)　しかし、裁判所は何を基準に「公一」を判断すべきか。

→審判対象は訴因　→訴因が基準。ただし、訴因に

背後の事情まで踏み込む必要がある場合は、例外的に

背後の事情も基準とする。

本問では、~~公訴事~~　訴因のみでは同一性なし

合格者の答案例

第1　小問(1)について

1　検察官は、甲を起訴する際に、殺人罪だけでなく、住居侵入罪も起訴することもができたにもかかわらず、住居侵入罪に関しては起訴していない。本問では、住居侵入罪と殺人罪とは牽連犯の関係にあり、また、住居侵入罪と窃盗罪とも牽連犯の関係にあるので、これら3個の犯罪は全体として科刑上一罪の関係にある(かすがい現象)。そこで、このような科刑上一罪の関係にある犯罪の一部を起訴することは適法か。

(1)　たしかに、公訴提起は検察官の権限とされ(247条)、公訴提起に関して検察官の裁量を認め、一罪の一部起訴を行うこともできる(248条)。もっとも、検察官に裁量を与えた法の趣旨や、真実発見に(1条)反するような場合は、権利の濫用(規則1条2項)として違法とみるべきである。

ここで、いわゆるかすがい現象の場合に、かすがいとなる犯罪をあえて起訴しないことにより、重く処罰しようとするような、不当な意図がある場合には、権利の濫用にあたるといえる。

したがって、一罪の一部起訴は原則として適法であるが、上記のような不当な意図をもってなされた場合は、例外的に違法となると解する。

(2)　本問では、かすがいとなる住居侵入罪を外して殺人罪のみで公訴提起されている。もっとも、前訴の公訴提起時には、検察官に甲の窃盗罪に関しての認識はなかった。そうすると、検察官は、不当な意図をもって、住居侵入罪を起訴しなかったわけではない。したがって、原則どおり、前訴の公訴提起は一罪の一部起訴として適法である。

第2　小問(2)について

1　裁判所は、窃盗罪についても一事不再理効が及んでいれば、「確定判決を経たとき」(337条1号)として、免訴の判決を下すべきことになる。(337条

そこで、まず、前訴の確定判決の一事不再理効が窃盗罪にも及ぶのか、一事不再理効の及ぶ範囲が、明文なく問題となる。

(1)　この点、一事不再理効の根拠は、裁判は被告人に物理的・精神的に多大な負担を与えることから、一度処罰の危険にさらされた以上、再度、処罰の危険にさらすべきではないという二重処罰の禁止(憲法39条)にある。そして、「公訴事実の同一性」の範囲内で訴因変更を行うことができ(312条1項)、その範囲内で処罰の危険にさらされたといえる。したがって、「公訴事実の同一性」が認められる範囲で一事不再理効が及ぶと解する。

(2)　本問では、前訴の殺人罪と後訴の窃盗罪では、前述どおり科刑上一罪の関係にあり、公訴事実の単一性があるので、「公訴事実の同一性」が認められる。したがって、前訴の確定判決の一事不再理効は窃盗罪にも及び、裁判所は免訴判決をすべきとも思える。

2　もっとも、本問では、前訴は殺人罪で起訴され、後訴は窃盗罪で起訴されており、両者を単純に比較すると、公訴事実の単一性は認められない。そこで、前訴と後訴との間の公訴事実の同一性の有無の判断は、いかなる事情を考慮してなすべきかが問題となる。

(1)　この点、当事者主義的訴訟構造を採用している現行法（298条1項、312条1項）の下、審判対象は一方当事者たる検察官の主張する訴因と解されることや、常習犯罪に関しての一部起訴も適法になし得ることからすれば、訴因を基準に公訴事実の同一性を判断するものと解する。したがって、原則として、各訴因を比較して判断する。

ただし、訴因の記載から背後の事情まで踏み込んで判断すべき契機がある場合は、例外的に背後の事情まで考慮して判断すべきである。

(2)　本問では、各訴因のみを基準とし、比較すると、窃盗罪と殺人罪は併合罪関係にあり、公訴事実の単一性は認められない。もっとも、訴因を特定するに際し、犯罪の日時・場所は訴因に記載していると思われ、訴因の記載から、両者が、同一の日時・場所で行われたことが分かる。そうすると、同一の日時に、甲がA宅において、殺人と窃盗を行ったことが判明し、それらの犯罪の前提として住居侵入罪も行っていたことが分かる。したがって、訴因の記載から背後の事情まで考慮する契機があるといえるので、背後の事情まで考慮して「公訴事実の同一性」を判断することになる。

そして、背後の事情である住居侵入罪まで考慮すると、全体として科刑上一罪となるので、公訴事実の単一性が認められ、「公訴事実の同一性」が認められる。

3　以上より、裁判所は、窃盗罪について一事不再理効が及んでいるとして、免訴判決をすべきである。

以上

判例索引

最高裁判所

高等裁判所

地方裁判所

アガルートアカデミーは，
2015年1月に開校した
オンラインによる講義の配信を中心とする
資格予備校です。

「アガルート（AGAROOT）」には，
資格の取得を目指す受験生の
キャリア，実力，モチベーションが
あがる道（ルート）になり，
出発点・原点（ROOT）になる，
という思いが込められています。

合格者インタビュー
INTERVIEW

上田 亮祐さん

平成29年度司法試験総合34位合格
神戸大学・神戸大学法科大学院出身

―― 法曹を目指したきっかけを教えてください。

私は，小学生の頃にテレビに出ていた弁護士に憧れを抱いて，弁護士を目指すようになりました。

―― 勉強の方針とどのように勉強を進めていましたか？

演習を中心に進めていました。

アガルートアカデミーの講座の受講を始めたのはロースクール入学年の2015年４月からなのですが，それまでは別の予備校の入門講座，論文講座を受講していました。しかし，そこでは「まだ答案の書き方が分からないから，とりあえず講座の動画を消化しよう。消化していけば答案の書き方が分かるようになるはずだ」と考え，講義動画を見たり，入門テキスト，判例百選を読むだけで，自分でほとんど答案を書かず実力をつけられないままロースクール入試を迎えました。

なんとか神戸大学法科大学院に入学し，自分の実力が最底辺のものでこのままでは２年後の司法試験合格どころかロー卒業すらも危ういと分かると，司法試験の勉強として何をすれば良いのかを必死で考えるようになりました。そして，「司法試験は，試験の本番に良い答案を書けることができれば合格する試験である」という当たり前の命題から，「少しでも良い答案を書けるように，答案を書く練習をメインに勉強しよう」と考えるようになりました。

そこで，総合講義300を受講し直しつつ，重要問題習得講座のテキストを用いて，論文答案を書く練習を勉強のメインに据えていました。また，なるべく手を広げないように，同じ教材を繰り返すことを心がけていました。

―― 受講された講座と，その講座の良さ，使い方を教えてください。

【総合講義300】

総合講義300の良さは，講義内でテキストを３周するシステムだと思います。

以前受講した別の予備校の入門講座は，民法だけで100時間以上の講義時間がある上，テキストを１周して終わるため，講義を受け終わると最初の方にやったことをほとんど覚えていないということが普通でした。しかし，アガルートの総合講義は，講義内でテキストを３周するため，それまでにやったことを忘れにくい構造になっていると感じました。テキストも薄く持ち運びに便利で，受験生のことをしっかり考えてくれていると思いました。

【論証集の「使い方」】

短い時間で各科目の復習，論点の書き方の簡単な確認ができるのがとても優れています。講義音声をダウンロードして，iPodで繰り返し再生していました。

【論文答案の「書き方」】

答案の書き方が分からない状態というのは，「今は書けないから，問題演習しないでおこう，答案を書かないでおこう」と考えがちなのですが，そんな初学者状態の受験生に，強制的に答案を書く契機を与えてくれるので，そういう点でこの講座は有益だったと思います。他のテキストではあまり見ない「答案構成例」が見られるのも初学者の自分には助かりました。また，重要問題習得講座のテキストを用いた演習方法は，この講座で工藤先生がやっていたことをそのままやろうと考えて思いついたのであり，この講座がなければ勉強の方向性が大きく変わっていたのではないかと思います。

【重要問題習得講座】

テキストが特に優れています。予備校の講座内で使用されているテキストは，口頭・講義内での説明を前提としているため，解説が書かれていなかったり不十分なことが多いのですが，重要問題習得講座のテキストは十分な解説が掲載されていますし，論証集，総合講義の参照頁も記載されていますから，自学自習でも十分にテキストを利用することができます。

【旧司法試験論文過去問解析講座（上三法）】

テキストに掲載されている解説が詳細であるのみならず，予備試験合格者が60分で六法以外何も見ずに書いた答案が掲載されており，予備試験合格者のリアルなレベルを知ることができたのはとても有益でした。完全解を目指すためには模範答案を，とりあえず自分がどの程度のレベルに到達しているのかを測るためには予備試験合格者の答案を見れば良かったので，全司法試験・予備試験受験生に薦めたい講座の１つです。

―― 学習時間はどのように確保していましたか？

学習時間はローの講義のない空きコマで問題を解くようにしていました。また，集中できないときはスマホの電源を切ってカバンの中にしまったり，そもそもスマホを持って大学に行かないようにすることで，「勉強以外にやることがない」状況を意図的に作り出すようにしていました。

―― 振り返ってみて合格の決め手は？　合格にアガルートの講座はどのくらい影響しましたか？

演習中心で勉強し，細かい知識に拘泥することなく，「受かればなんでも良い」という精神で合格に必要な最短コースを選ぶことができたのが合格の最大の決め手になったのだと思います。重要問題習得講座は，そのような演習中心の勉強をするに当たりかなり有益でした。また，論証集の「使い方」についても，その内容面はもちろん，勉強方法について講座内でも，工藤先生は再三「受かればなんでもいい」「みなさんの目的は法学を理解することではなく，受かること」と仰っており，講義音声を聞き返す度にこれを耳にすることになるので，自分の目的意識を明確に保つことができたように思います。

―― 後進受験生にメッセージをお願いします。

私自身もそうでしたが，よく思うのは，「合格者に勉強方法などについて質問をたくさんする人ほど，自分で勉強する気がない」ということです。勉強方法や合格体験談の情報をたくさん集めるだけで，なんとなく自分の合格が近づいたように錯覚してしまい，真面目に勉強しなくなるというのは私自身が経験した失敗です。受験生がやるべきことは，失敗体験を集めた上で，その失敗を自分がしないようにすることだと思います。私は講義動画を視聴するだけで自分では答案を書かなかったために，ロー入学時点で答案の書き方が全く分からない，答案が書けないという失敗を犯しました。受験生の方には，ぜひとも私と同じ失敗をしないようにしていただきたいと思います。

Profile

上田 亮祐（うえだ・りょうすけ）さん

25歳（合格時），神戸大学法科大学院出身。
平成28年予備試験合格（短答1998位，論文173位，口述162位），司法試験総合34位（公法系199～210位，民事系70～72位，刑事系113～125位，選択科目（知的財産法）3位，論文34位，短答455位），受験回数：予備，本試験ともに1回ずつ。

合格者インタビュー

INTERVIEW

福澤 寛人さん

平成30年度司法試験予備試験合格
令和元年度司法試験1回目合格　慶應義塾大学出身

―― 法曹を目指したきっかけを教えてください。

法律の勉強が楽しく，法律を扱う仕事をしたいと感じたからです。弁護士の業務への興味よりも，法律学への興味が先行していました。

―― どのように勉強を進めていましたか？

総合講義300を受講したあとに，ラウンジ指導を受け，論文を書き始めました。今思えば，総合講義300と論文答案の「書き方」・重要問題習得講座は並行して受講すべきであったと感じています。

勉強の方針としては，手を広げすぎず，アガルートの講座を中心に勉強をしました。また，特に過去問の分析にも力を入れ，本試験というゴールを意識した勉強をするよう心掛けていました。

―― 受講された講座と，その講座の良さ，使い方を教えてください。

【総合講義300】

総合講義300は，300時間という短時間で法律科目全体を学べる点が良かったです。講座自体はとても分かりやすいのですが，法律そのものが難解ですので，どうしても理解できない箇所がありました。しかし，工藤先生がおっしゃる通り，分からない箇所があったとしても，一旦飛ばして先に進むという方針で勉強をしました。その結果，躓くことなく，また，ストレスを感じることなく，勉強を進めることができました。

【論文答案の「書き方」】

この講座は，論文の書き方の基礎をさらっと学べる点が良かったです。この講座は，受講をした後に，練習問題を実際に書き，先生に添削していただくという使い方をしました。

【重要問題習得講座】

この講座は，全ての問題を解くことで，重要な論点の論文問題をこなせる点が良かったです。この講座は，答案構成をした後に解説講義を聴き，自分の答案構成と参考答案を見比べ，自分に何が足りていないかを分析するという使い方をしました。

【論証集の「使い方」】

この講座は，繰り返し聴くことで，自然と論証が頭に入ってくる点が良かったです。この講座は，iPhoneに音声を入れ，1.5倍速ほどのスピードで繰り返し聴くという使い方をしました。

【予備試験過去問解析講座】

この講座は，難解な予備試験の過去問について，丁寧に解説がなされている点が良かったです。この講座は，予備試験の論文の過去問を実際に解いた後に，講義を聴くという使い方をしました。

―― 学習時間はどのように確保していましたか？

隙間時間を有効に活用することで，最低限の学習時間を確保するよう意識していました。勉強に飽きたときには，あえて勉強をせず，ストレスをためないように意識をしていました。

―― 直前期はどう過ごしていましたか？

直前期は，自分でまとめた自分の弱点ノートを見直していました。自分には，問題文を読み飛ばす・事情を拾い落とすなどの弱点があったため，本番でその失敗をしないよう，何度もノートを見ることで注意を喚起しました。また，何とかなるでしょうという気軽な心構えで試験を迎えました。

―― 試験期間中の過ごし方は？

普段と違うことはせず，普段と同じ行動をするように心掛けました。また，辛い物や冷たい物など，体調を崩す可能性のある物は食べないよう気をつけました。

―― 受験した時の手ごたえと合格した時の気持ちを教えてください。

短答式試験は落ちたと感じましたが，実際には合格できていたので，スタートラインに立てたという安心感がありました。

論文式試験は初受験だったため，よくできたのかできなかったのかも分かりませんでした。そのため，論文合格を知った時は嬉しい気持ちと驚きの気持ちが半々でした。

口述式試験は，完璧にはほど遠い手ごたえでしたが，合格しているとは感じていました。実際に合格していると知ったときには安堵しました。

―― 振り返ってみて合格の決め手は？　合格にアガルートの講座はどのくらい影響し

ましたか？

合格の決め手は，アガルートを信じて手を広げ過ぎなかったことであると感じています。アガルートの講座のみを繰り返すことによって盤石な基礎固めをすることができたと思います。そのため，上記の講座は，今回の合格に大きく影響していると考えます。

── アガルートアカデミーを一言で表すと？

「合格塾」です。

── 後進受験生にメッセージをお願いします。

予備試験は出題範囲が広く，受験は長期間の闘いになると思います。ですので，無理をし過ぎず，ストレスをためない勉強方法を模索することが大事だと思います。

また，私は，模範答案とは程遠い答案しか書けずにいました。しかし，それでも結果的に合格できていることから，合格するためには模範答案ほどの答案を書ける必要はないと分かりました。そのため，完璧な答案を書けなくとも，気にすることなく勉強を進めていただければと思います。

同じ法曹を目指す仲間として，これからも勉強を頑張りましょう。

Profile

福澤 寛人（ふくざわ・ひろと）さん

21歳（合格時），慶應義塾大学４年生。
在学中に受けた２回目の予備試験で合格を勝ち取る。短答1770位，論文106位。
その後，令和元年度司法試験１回目合格。

合格者インタビュー
INTERVIEW

秋月 亮平さん

京大ロースクール２年次に予備試験合格後中退。
平成30年度司法試験総合56位合格

―― 法曹を目指したきっかけを教えてください。

文学部在籍時，専攻を変更した影響で１年留年が決まっていたところ，父に，「暇なら予備試験でも受けてみたら」と言われたのをきっかけに勉強を開始。公務員試験で勉強経験のない商法，訴訟法の勉強をしているうちに法律そのものが面白くなり，予備試験には不合格だったものの，法律を職業にしたいと思い，本格的に司法試験を目指すようになった。

―― アガルートとの出会いは？

２年連続で予備試験不合格となり，親から予備校の利用を勧められた。そこで，私が前年より使用し始めていた市販の論証集の著者が開いているというアガルートというところにした。理由は，安いからである。

―― どのように勉強を進めていましたか？

予備試験３回目の年は，クラスの中で予備試験を目指している友人と仲良くなり，短答合格後，論文試験に向け，励まし合いつつお互いに予備試験の過去問を書いたものを見せ合うということをやった。

論文合格という驚天動地の出来事に目を白黒させながら口述対策を慌てて始めた。予備校で口述模試を受ける他は，法律実務基礎科目対策講座を読んで要件事実，刑事手続を詰め込んだ。また，民事訴訟の手続（執行保全含む。），刑法各論の構成要件の暗記も行った。

司法試験へ向けては，１月半ばから，過去問を書き始めた。しかし，予備試験後からのブランクを差し引いても，本試験の問題がそう簡単に書けるわけがない。ここから，模試と本試験まで，途中答案病に呻吟することとなる。

２月以降，他の予備校に週２回答練に通った。過去問を書いた感触からして，自分の最大のアキレス腱は途中答案であると確信していたので，問題文の読み方や答案構成のやり方はもちろん，ペンについても試行錯誤していかに時間内に書き切るかに課題を絞った。

―― 受講された講座と，その講座の良さ，使い方を教えてください。

【総合講義100】

試験に要求される必要十分条件（必要条件でも，十分条件でもない。）を満たした知識がコンパクトに盛り込まれている。薄くて（商法のテキストを見たときはのけぞった。シケタイやCbookしか見たことがなかったから。），持ち運びに便利なだけでなく，そもそも読む気が起きる。

初めは講義とともに通しで受け，その後はアドホックに該当箇所を参照していた。公法，刑事は判例知識が乏しかったため，特定の分野の判例を何度も何度も読んで，目が開かれた（例えば行政法の原告適格の判例だけを繰り返し読んで講義を聴くうち，個々の判例の内容も頭に入るようになったし，問題を解くときに判例を地図にして判断できるようになった。）。そのため，一番役に立ったのは判例の解説だったと思う。

【論証集の「使い方」】

徹底して判例・調査官解説・通説に準拠しており信頼性が抜群である。キーワードと規範（判例が使っている理由づけ含む。）にマークして，流し読みを繰り返す。たまにじっくり読む機会を作って，１つ１つの文の意味を本当に理解しているか，換言すればそれをくだけた言葉遣いででも他人に説明できるだろうかということを問いながら読むと，実はよくわかっていないということがわかったりする。巷で言われている通り確かに論証が長めだが，その分いつまでも発見が尽きない。講義も音楽感覚で聴いていたが，やはり論証を手元に置いて先生が言っているポイントを書き込んでしまう方が話が早い。

【重要問題習得講座】

論点の網羅性が高く，論証の真の「使い方」はこの講座で体得した気がする。使い方としては，法律的な構成と論点抽出を正しくできるかに力点を置いて，あてはめは，最悪あまり上手くなくても気にせずクリアということにしていた。1週目の出来を○，△，×に分け（救急医療の用語でトリアージと呼んでいた。），×の問題だけ繰り返すようにしていた。あまりクリア基準を厳しくしすぎると優先順位を上手く割り振れないため，△は甘めにしていた（小さな論点落としなど。）。

―― 学習時間はどのように確保していましたか？

ロースクールの予習復習はあまりしていなかったので，授業時間以外は基本的に自分の勉強時間にあてることができた。もっといえば授業中も論証を読んでいたりしていた。また，電車での移動時間に論証や総合講義を読む（聴く），肢別本を解くなどもした。

ロースクールに行かなくなってから直前期までは，昼に自習室に行き，過去問や重問をメインで勉強し，夜９時すぎに帰っていた。他予備校の答練がある日は，答練後自習室に戻り，答練で出た分野の復習をすることが多かった。

―― 振り返ってみて合格の決め手は？　合格にアガルートの講座はどのくらい影響しましたか？

決め手を１つに絞るのは難しいので２つ挙げると，論証だけはしっかり覚え（る努力をし）たのと，わからない問題からはさっさと逃げたことだと思う（私は「損切り」と呼んでいた。）。

論証集の「使い方」を繰り返し聴き，問題の所在や規範自体の意味まで学べたので，法律論はもちろんのこと，あてはめまで充実させることができた。予備試験から司法試験で共通しているのは総合講義と論証集なので，この２つが決定的に影響したと思われる。

―― アガルートアカデミーを一言で表すと？

「合法ドーピング」

―― 後進受験生にメッセージをお願いします。

司法試験に合格するのは，他ならぬ「あなた」しかいません。合格者の言うことは金科玉条では全くなく，ネットやロースクールで出回る噂は基本眉唾です。予備校もそうで，所詮あなたが使い倒すべき駒の１つにすぎません。どれを捨て，どれを活かすかもあなたが自由に決めてよいのです。どんな些細な情報にも，振り回されず，フラットに受け止めて，たくさん捨て，たくさん活かしてください。

Profile

秋月 亮平（あきづき・りょうへい）さん

25歳（合格時），京都大学文学部卒業，京都大ロー未修コース中退。
予備試験は学部５回，ロー１年次で不合格後，２年次に合格。
平成30年度司法試験１回合格（総合56位）。

〈編著者紹介〉

アガルートアカデミー

大人気オンライン資格試験予備校。2015年1月開校。

●司法試験，行政書士試験，社会保険労務士試験をはじめとする法律系難関資格を中心に各種資格試験対策向けの講座を提供している。受験生の絶大な支持を集める人気講師を多数擁し，開校から５年あまりで会員数は既に２万人を超える。合格に必要な知識だけを盛り込んだフルカラーのオリジナルテキストとわかりやすく記憶に残りやすいよう計算された講義で，受講生を最短合格へ導く。

●近時は，「オンライン学習×個別指導」で予備試験・司法試験の短期学習合格者を続々と輩出する。

アガルートの司法試験・予備試験

実況論文講義　刑事訴訟法

2020年９月20日　初版第１刷発行

編著者　アガルートアカデミー

発行者　アガルート・パブリッシング
〒162-0814　東京都新宿区新小川町5-5　サンケンビル4階
e-mail：customer@agaroot.jp
ウェブサイト：https://www.agaroot.jp/

発売　サンクチュアリ出版
〒113-0023　東京都文京区向丘2-14-9
電話：03-5834-2507　FAX：03-5834-2508

印刷・製本　シナノ書籍印刷株式会社

ISBN978-4-8014-9365-0